Manuela Carmena

A los que vienen

AGUILAR

Papel certificado por el Forest Stewardship Council®

Primera edición con esta encuadernación: abril de 2025
Segunda reimpresión: octubre de 2025

© 2019, Manuela Carmena
© 2019, Penguin Random House Grupo Editorial, S.A.U.
Travessera de Gràcia, 47-49. 08021 Barcelona

Printed in Spain - Impreso en España

ISBN: 978-84-03-52622-8
Depósito legal: B-6.493-2025

Compuesto en Punktokomo S. L.

Impreso en Vadear Digital, S. L.
Medina del Campo (Valladolid)

AG 2 6 2 2 A

A los que vienen

CARLOS, UN REY Y EL SEXO

Carlos III. Pues de joven
no era tan feo...

© Detalle de La familia de Felipe V, de Michel Van Loo.

Cuando hablamos de personajes históricos siempre destacamos sus hazañas, sus logros o derrotas. No solemos saber nada, ni nada se nos dice, de sus intimidades, de lo que pensaron, disfrutaron o padecieron, como nos pasa a todos. Esos hombres y mujeres, los que salen en los libros, fueron también personas, como tú y como yo. Por eso es importante que nos acerquemos a la persona, no solo al rey. Para conocer de verdad al joven Carlos es perfecta una carta muy especial que les escribió a sus padres siendo adolescente aunque recién casado con su esposa, pues como sabemos, en aquellas épocas se casaban a edades muy tempranas.

Carlos III escribió*:

> Mi muy querido Padre y mi muy querida Madre, me alegraré de que VV. MM. sigan bien, yo y mi mujer estamos perfectamente, gracias a Dios. He recibido una carta de VV. MM. del 15 del mes pasado, por la que he visto cómo gracias a Dios VV. MM. habían recibido dos de mis cartas.
> Suponían que cuando recibiera esta carta ya estaría alegre mi corazón y habría consumado el matrimonio; que

---

* La carta original se conserva en el Archivo Histórico Nacional.

no me extrañara de que VV. MM. me hablaran así, que a veces las jovencitas no son tan fáciles y que yo tendría que ahorrar mis fuerzas con estos calores, que no lo hiciera tanto como me apeteciera porque podría arruinar mi salud y me contentara con una vez o dos entre la noche y el día, que si no acabaría derrengado y no valdría para nada, ni para mí ni para ella, que más vale servir las señoras poco y de continuo que hacer mucho una vez y dejarlas por un tiempo.

Acerca de lo que remitiera sobre la medida de su altura, diré a VV. MM. que según el retrato que tengo yo de mi hermana no se parecen nada y sin menoscabar a mi hermana ella es mucho más guapa y mucho más blanca. Diré que dispara muy bien y que toma mucho placer de la caza.

VV. MM. me escribían como Padres y como personas mayores y como se habla entre casados cuando hay confianza y que les contara si todo transcurrió bien, si estoy contento y si la encuentro a mi gusto tanto en el cuerpo como en el espíritu y el carácter. Para obedecer a las órdenes de VV. MM. contaré aquí cómo transcurrió todo.

El día en que me reuní con ella en Portella, hablamos amorosamente, hasta que llegamos a Fondi. Allí cenamos y luego proseguimos nuestro viaje sosteniendo la misma conversación hasta que llegamos a Gaeta algo tarde. Entre el tiempo que necesitó para desnudarse y despeinarse llegó la hora de la cena y no pude hacer nada, a pesar de que tenía muchas ganas.

Nos acostamos a las nueve y temblábamos los dos pero empezamos a besarnos y enseguida estuve listo y empecé y al cabo de un cuarto de hora la rompí, y en esta ocasión no pudimos derramar ninguno de los dos; solo diré que acerca de lo que me decían de que como ella era joven y delicada no dudaban de que me haría sudar, diré que la primera vez me corría el sudor como una fuente pero que desde entonces ya no he sudado. Más tarde, a las tres de la mañana, volví a empezar y derramamos los dos al mismo tiempo y desde entonces hemos seguido así, dos veces por noche, excepto aquella noche en que debíamos venir aquí, que como tuvimos que levantarnos a las cuatro de la mañana solo pude hacerlo una vez y les aseguro que hubiese podido hacerlo muchas más veces pero que me aguanto por las razones que VV. MM. me dieron.

Diré también que siempre derramamos al mismo tiempo porque el uno espera al otro y también que es la chica más guapa del mundo y que tiene el espíritu de un ángel y el

CARLOS. UN REY Y EL SEXO

mejor talante y que soy el hombre más feliz del mundo teniendo a esta mujer que tiene que ser mi compañera el resto de mi vida.

VV. MM. me decían que aguardaban con impaciencia averiguar si pueden tener nietos pero que tenían miedo de que no sea enseguida, ya que ella no tiene todavía el periodo. Diré a VV. MM. que todavía no lo tiene, pero que según todas las apariencias, no tardará en tenerlo porque empezó hace ya cuatro noches a dejar algunas manchas de esa materia que dicen que precede a lo de tener el periodo; lo cual espero en Dios, en la Virgen y en San Antonio. Mi mujer me ruega que la ponga con la mayor sumisión a los pies de VV. MM.

Señora, ruego a V. M. que abrace de mi parte a todos mis hermanos y hermanas.

Nápoles, a 8 de julio
El más humilde y más obediente de los hijos,
Carlos

¡Caramba, qué carta más curiosa! ¿Se decían los reyes estas cosas? Seguro que muchas veces hemos estudiado en la historia al rey Carlos III, pero probablemente nunca hayamos sabido nada de esta faceta suya de joven dudoso y que comienza a conocer el sexo.

Él fue, sin duda, un rey decisivo para Madrid y probablemente también para toda España. Por eso es muy fácil encontrar estatuas o inscripciones que nos cuenten las cosas que hizo el propio Carlos III. Sin ir más lejos, en la Puerta del Sol tenemos una majestuosa figura suya. En su época, Carlos ya fue un monarca muy moderno. Aunque no dejaba de ser un rey, y en esa época aún se practicaba el poder absoluto, trajo ideas novedosas e intentó —quizá sin todo el éxito que le hubiera gustado—, modernizar nuestro país. Su lema era que había que gobernar, no para la élite, sino para el pueblo; eso sí, sin que el pueblo opinara nada al respecto. Aún quedaba muy lejos la idea de democracia, ¿os dais cuenta?

He repasado los libros que estudian ahora los alumnos de secundaria o de bachillerato y me resulta sorprendente, y no en el buen sentido de la palabra, la forma en la que se estudia Historia. Parece que lo que se quiere es que los alumnos retengan unos meros datos objetivos, secos, fríos y desprovistos de interés humano, como si las vidas de los que nos precedieron no significaran nada. Yo creo que la historia merece ser contada de otra manera, y os aseguro que puede ser apasionante.

MANERAS DE CONTAR LA HISTORIA

Leo en internet que a más de un 60 % de los estudiantes no les gusta estudiar, pero estoy segura, por el contrario, de que a todos esos muchachos y muchachas a los que pretendemos abarrotar la memoria con un montón de datos les gusta, y mucho, aprender cosas nuevas.

Aprender sí, estudiar no. ¿Qué pasa? ¿Es que la educación se está olvidando de que lo importante es aprender? ¿Aprender implica siempre estudiar? Parece que en

> Yo creo que la historia merece ser contada de otra manera, y os aseguro que puede ser apasionante.

algo nos hemos equivocado si pretendemos formar a la gente obligándola a memorizar datos desconectados de un verdadero aprendizaje. Me explico: los niños chiquitines disfrutan aprendiendo. No hay más que verlos, cómo se esfuerzan en sujetar un objeto, en cogerlo, en tirarlo, en ponerse de pie, en comer ellos solos, en andar, en hablar…

Entonces, ¿qué diablos pasa? Puede que la clave esté en que cuando nos hacemos un poco mayores empezamos a ir a la escuela y se nos olvida que lo importante no es estudiar sino aprender. Es decir, se nos olvida que cualquier aprendizaje tiene que estar conectado con nosotros como seres humanos. Cuando un niño aprende a andar está aprendiendo algo sobre él mismo, sobre cómo funciona su cuerpo. Quizá esa sea la clave.

Siempre me ha extrañado mucho que los procesos educativos omitan el aprendizaje sobre uno mismo. Saber cómo somos, cómo nos comportamos, identificar nuestros sentimientos… Desde mi punto de vista es importantísimo aprender sobre uno mismo. Aprender qué somos y cómo funcionamos. Aprender acerca de nuestros sentimientos, nuestras pasiones, nuestros gustos, nuestros deseos, nuestros rechazos, nuestros estímulos.

> Cualquier aprendizaje tiene que estar conectado con nosotros como seres humanos. Cuando un niño aprende a andar está aprendiendo algo sobre él mismo, sobre cómo funciona su cuerpo. Quizá esa sea la clave.

Y, si eso es importante, ¿cómo no va a ser importante todo lo relativo al sexo? Y, uniendo ambos temas, la Historia y el conocimiento del ser humano, ¿no resultaría interesante un debate en clase sobre lo que sabemos de las prácticas sexuales de los personajes históricos? Seguro que el alumnado se interesaría más por ellos, los verían como lo que fueron: personas.

EL TABÚ HISTÓRICO DEL SEXO

El mundo occidental no solamente ha marginado la información del sexo como un elemento esencial de la vida, sino que lo ha anatemizado y lo ha considerado como una actividad necesaria pero sucia, oscura y pecaminosa sobre la que es mejor no hablar. Y esto sucede aún hoy, en el siglo XXI. A pesar de ello, sin embargo, el sexo es uno de los temas esenciales de nuestra sociedad e incluso un negocio enorme, aunque hablemos de él todavía usando eufemismos. Desde las *sex-shop* hasta la prostitución, pasando por la pornografía como «escuela» de sexo, con lo que también tiene de negocio. Y es que hemos conseguido que el negocio del sexo se nutra precisamente de eso, del atractivo de lo prohibido o mal visto. No entraré aquí de lleno en lo que tiene de peligroso no hablar claro del sexo y dejar que los jóvenes se nutran de la pornografía como un ejemplo de «buen sexo», o que vean la prostitución con naturalidad, pero quizá por esto, por mantenerlo en tan secreto estatus, el sexo hoy en día se sigue usando y entendiendo mal.

He cogido un libro de Historia de los que se utilizan ahora en los colegios. Por supuesto a nadie se le ha ocurrido incluir esta carta tan divertida del rey Carlos en ninguno de ellos. Pienso en si sería guapo o feo de joven y busco un cuadro de aquella época para imaginármelo a él y su entusiasmo por el sexo, y encuentro uno del pintor Van Loo, que es el que podéis ver al principio de este capítulo.

> Quizá por esto, por mantenerlo en tan secreto estatus, el sexo hoy en día se sigue usando y entendiendo mal.

¡Pues no estaba mal el rey! Se le ve agradable, estiloso, a pesar de la nariz. Me azuza la curiosidad y sigo pensando en los personajes históricos como personas: ¿qué pensaría de esta descripción amorosa su chica, la reina María Amalia de Sajonia? Y todo eso de «derramar», ¿a qué se refiere? ¿Es que en aquellos años se pensaba que el orgasmo de la mujer era igual que el del hombre y que en el mismo también había una eyaculación de semen? No es de extrañar; sabemos que en esa época aún no se sabía nada de cómo las mujeres sentimos placer sexual.

Bueno, todo esto viene bien para recordar lo poco que aún sabemos hoy sobre el sexo y lo importante que es la actividad sexual para ser gente feliz y equilibrada, ahora y en tiempos de Carlos.

Leo en reportajes que hay muchas chicas jóvenes que cuando se acuestan con sus amigos o sus novios fingen el orgasmo. Supongo que si es así es porque muchas quizá no identifiquen bien qué es el orgasmo y cómo se logra, supongo que creen que deben sentir algo que no sienten.

Volviendo a cómo podríamos aprender y no estudiar, está bien, por ejemplo, recordar ahora, a modo de anécdota graciosa, unas consideraciones curiosas que ya antes de Cristo explicaba el gran escritor Ovidio en su libro *El arte de amar*. En ellas les da consejos a las mujeres para que en su relación sexual con los hombres expliciten el orgasmo y acaba por añadir que aquellas que no lo sientan ¡por lo menos lo finjan!

Pues, sí chicas, yo, el mismísimo Ovidio, os digo que «a quien la naturaleza haya negado las sensaciones del gusto amoroso finja con engañadores resuellos que saborea los dulces júbilos».

Vaya, el caso es que ya en el 40 a. C. se recomendaba a las mujeres fingir el orgasmo.

Nos dicen las estadísticas, hoy por hoy, que un 60 % de mujeres de todas las edades los fingen... ¿Tiene esto que ver con la igualdad? ¿Todavía pensamos que tiene que complacer más la mujer al hombre que el hombre a la mujer?

Madre mía, y esto sucede desde el año 40 a. C... Quizá no hayamos evolucionado tanto en este sentido, ¿no?

¿Os dais cuenta de cuánta necesidad tenemos de conocernos más a nosotros mismos como seres humanos, qué necesidad tenemos de aprender por qué pensamos como pensamos, de dónde vienen nuestras actitudes, nuestros miedos y nuestros comportamientos actuales...?

Seguramente el mundo sería diferente si diéramos más importancia al ser humano, si nos diéramos más importancia a nosotros mismos, a la vida y, por qué no, a la felicidad.

EL PLACER DE ESTUDIAR

Esta viñeta de El Roto cuestiona
la enseñanza tradicional

En este tema, creo que es importante, para empezar, hablar de dos verbos, dos conceptos: estudiar y aprender. Y es importante porque, por lo que nos dicen las encuestas, parece que hay muchos jóvenes a los que no les gusta estudiar. Me acuerdo porque me sorprendió.

Hace unos años fui a casa de una amiga y —no sé cómo llegamos al tema— me puse a hablar del enorme placer que me producía estudiar. Amaya, la hija de mi amiga, que entonces debía de andar por los veintipocos, me dijo sorprendida: «Pero, de verdad, Manuela, ¿te gusta estudiar?

Pues sí, me gusta estudiar. Claro, porque estudiar es ese proceso que te permite conocer, y el conocimiento te provoca reflexión y la reflexión te enriquece. Te sientes más llena, más clara, más segura. El propio placer de estudiar tiene bastante de aventura, de ir descubriendo algo que hasta ese momento estaba oculto a tus ojos, y que hace el estudio más apasionante. Sí que es verdad que ese gusto por el estudio exige, en mi opinión, que haya una iniciativa meditada por parte del estudiante de qué estudiar y de cómo hacerlo, algo que tiene mucho que ver con la motivación personal y los propios intereses y deseos de cada uno de nosotros.

Desafortunadamente, a veces nos encontramos con unos sistemas educativos anticuados en los que no es fácil gozar con el estudio. Sin embargo, la pedagogía evoluciona y abre nuevas alternativas a las tradicionales, tan desgastadas.

La asociación internacional Ashoka —que fue premio príncipe de Asturias en 2011— tiene una línea en la que incita y premia a los llamados *change makers* de la pedagogía. He contactado varias veces con ellos y tuve el placer de formar parte de algunos de sus actos de concesión de premios. Con ellos también he visitado algunos colegios, como por ejemplo el Padre Piquer, en Madrid, en los que el modelo de enseñanza no tiene nada que ver con el tradicional. Cuando estuve allí, recordé la descripción de las escuelas del futuro que se detalla en un maravilloso libro llamado *Crear hoy la escuela del mañana,* de Richard Gerver, que se basa, entre otros principios, en que la educación debe empoderar. Un sistema que se apoya en test, exigencias académicas y notas no evoluciona realmente, solo consigue una educación superficial.

El Padre Piquer ha pasado a formar parte de la Red Ashoka, en la que hay seis colegios más en España. Esta red pone en contacto a escuelas «de cambio», es decir, que tienen en común la

> Un sistema que se apoya en test, exigencias académicas y notas no evoluciona realmente, solo consigue una educación superficial.

voluntad de cambiar la forma de educar y construir un modelo en el que las asignaturas no sean tan importantes y en el que los niños trabajen la empatía, el compañerismo, la creatividad o la resolución de conflictos. Los contenidos, que pueden responder a las viejas asignaturas, fluyen a lo largo de los proyectos que son realizados por los alumnos y que, en su mayoría, desarrollan en equipo.

APRENDER TODA LA VIDA

La enseñanza tiene que ser una ciencia que contemple no solo el qué, sino el cómo estudiar e incluso cuándo hacerlo, con variantes. Aprender es algo que se va a producir (yo diría, se debe producir) a lo largo de toda la vida, no solo en esa fase en la que parece que tiende a situarse el momento de aprendizaje, que se relega exclusivamente a la niñez y la juventud. Estudiar, aprender, es algo que no puede estar acotado a unos años; es algo que debemos y que podemos hacer durante toda la vida y por ello debería estar previsto como una parte más de nuestro día a día, como una estructura pedagógica permanente, aunque evidentemente tenga distintas etapas, unas de más intensidad y otras de menos.

Quizá, —en el otro extremo de la sucesión de momentos vitales—, también estaría bien que los niños, jóvenes y adolescentes pudieran realizar algún tipo de trabajo con contenido pedagógico. Desde muy pronto también ellos, a la vez que aprenden, van teniendo mucho que enseñar, aunque no sea más que lo que ya han ido aprendiendo.

> Estudiar, aprender, es algo que no puede estar acotado a unos años; es algo que debemos y que podemos hacer durante toda la vida y por ello debería estar previsto como una parte más de nuestra vida

La prohibición del trabajo infantil es una conquista incuestionable para evitar la terrible explotación a la que estuvieron —y están todavía hoy— sometidos tantos niños y niñas en muchas partes del planeta. Sin embargo, lo mismo que la enseñanza debe ser para toda la vida, creo que es interesante que los niños, y sobre todo los adolescentes y jóvenes, tengan pequeños trabajos con los que se identifiquen y disfruten. Que disfruten enseñando a su vez lo que han aprendido y, en muchas ocasiones, lo que han sido capaces ya de crear o producir.

Para las personas de mi generación, que conocimos los ordenadores allá por la treintena y que, en algunos casos, veníamos de haber estado vinculados con la lucha antifranquista, las siglas PC, más que con «*personal computer*» se identificaban con el Partido Comunista. También para los medios, que se referían al PC, con más o menos saña, como el maligno partido de los comunistas. Solo hacia el final de los años ochenta del siglo pasado se comenzó a hablar de PC con normalidad, cuando esos «artefactos», los ordenadores personales, empezaron a entrar en los organismos públicos y en las casas.

En esa época yo ya era magistrada. Recuerdo que otra compañera me contó que su marido le había regalado un PC y que ella estaba feliz de poder pasarse toda la tarde navegando en su ordenador. Todo resultaba nuevo. Puede sonar raro, siendo algo, de hecho, tan reciente. De verdad no entendía qué me quería decir cuando me hablaba de «navegar». En aquel momento, para mí navegar no era otra cosa que surcar ríos o mares.

Son quizá pequeños placeres que solo hemos podido disfrutar los que nos hemos incorporado a una era digital en marcha, que no existía cuando empezamos a tener vida activa. Recuerdo, como no podía ser de otra manera, la enorme felicidad que sentí cuando, poco después de aquella mención de mi compañera, yo también aprendí a navegar por la red.

ATOCHA 55

En el otro aspecto, el de la abogacía y su aprendizaje, tengo una experiencia interesante de estudio e innovación, aunque conlleve una parte muy triste.

Antes de hacerme magistrada, era abogada y formé parte durante unos diez años de uno de los despachos especializados en derecho laboral más importantes del Madrid de la dictadura franquista. Situado en el número 55 de la calle Atocha, se hizo tristemente famoso por el atentado de la extrema derecha que sufrimos allí en 1977, en el que murieron cinco de mis compañeros. Hoy, bastantes años después, vuelve a hablarse del atentado. Uno de los pistoleros asesinos, fugado a Brasil en mitad del cumplimiento de su condena, ha sido detenido y va a ser extraditado de vuelta a España en los próximos meses. Todavía quedan secuelas de aquello. En el número 55 de la calle Atocha de Madrid se puede ver una placa en recuerdo de aquel terrible acto. Y, prácticamente enfrente, en la glorieta de Antón Martín, está el monumento llamado *El abrazo*, una preciosa escultura que reproduce el cuadro del mismo nombre, del pintor Juan Genovés, que está ahora en el Congreso. Merece la pena ir a ver la escultura. Representa un círculo de gente joven —como éramos nosotros, que no alcanzábamos los treinta— vestidos como íbamos nosotros en los años setenta, y... ¡abrazados! El asesinato fue un hito en la Transición española. Los historiadores le confieren una gran importancia para la consolidación democrática. El entierro de nuestros compañeros fue acompañado por una multitud de gente que defendía la democracia, ¡que también nos abrazaba!

Sin duda el hecho fue trascendente. Sin embargo, lo que me gusta resaltar es que lo más relevante para la Democracia no fue el asesinato el 23 de enero de 1977 de Javier Sauquillo, Luis Javier Benavides, Ángel Rodríguez, Enrique Valdelvira y Serafín Holgado, sino sus vidas, expresión de una lucha constante por reconocer derechos a los trabajadores que la Dictadura negaba o, cuando menos, deformaba. Es decir, no fueron sus muertes las que fueron útiles a la Democracia, sino ellos, la vida de aquellos jóvenes de los años setenta. Tuvimos que aprender, inventando sobre la marcha, a romper moldes en la abogacía, sin que nadie nos pudiera enseñar cómo hacerlo, porque nadie sabía cómo; abriendo camino, aprendiendo de los errores, consiguiendo magnificar los éxitos y convertirlos en enseñanza. Yo lo recuerdo como un periodo de intenso aprendizaje, en el que había poco tiempo para seguir estudiando; había que hacerlo sobre la marcha, aprendiendo del día a día sin renunciar a elaborar sobre lo aprendido. Ganamos un gran prestigio entre los profesionales del derecho, en la judicatura, muchos de cuyos miembros nos veían de entrada con gran desconfianza, muy enraizados en el régimen franquista. Irrepetibles, esos años constituyeron en mi vida un gran proceso de aprendizaje.

LA HUERTA LA LIMPIA

Pasarían los años y, consolidada ya la Democracia, los miembros de ese despacho decidimos tomar diferentes alternativas laborales. Pilar y yo quisimos hacer oposiciones a la judicatura. Elisa decidió hacer oposiciones a las escuelas laborales. Algunos abogados decidieron quedarse en el despacho y otros decidieron integrarse en la organización de la abogacía de Comisiones Obreras (CC. OO.), que ya entonces era por fin

> Lo más relevante para la Democracia no fue el asesinato el 23 de enero de 1977 de Javier Sauquillo, Luis Javier Benavides, Ángel Rodríguez, Enrique Valdelvira y Serafín Holgado, sino sus vidas, expresión de una lucha constante por reconocer derechos a los trabajadores que la Dictadura negaba o, cuando menos, deformaba.

un sindicato legal. Este conjunto de decisiones por nuestra parte hizo que los compañeros que trabajaban con nosotros como administrativos se encontraran en algunos casos sin trabajo, así que se nos ocurrió que, con los fondos de nuestras correspondientes liquidaciones, podíamos poner en marcha una granja escuela para que la dirigieran algunos de ellos, que tenían experiencia como monitores de niños. Los demás, sin esa experiencia, seríamos socios o colaboradores. Así surgió la Huerta la Limpia. Fue una experiencia preciosa que tuvo mucho éxito. Constituyó una de las primeras, si no la primera granja-escuela para niños en las proximidades de Madrid. Y lo conseguimos innovando y aprendiendo algo nuevo, recurriendo a nuevas habilidades y conocimientos. Abriendo siempre caminos.

Ya en la granja, recuerdo que en una de las primeras cosechas tuvimos muchísimos calabacines. Los niños que estaban allí alojados habían colaborado en la recogida de aquella espléndida colecta. Hablando con ellos surgió la idea de ir a venderlos a la plaza del mercado más próximo. Los niños, entusiasmados, ya habían elegido su eslogan: «Calabacines, vitaminas a miles». Lo cantaban y lo habían dibujado. La experiencia era divertida y tentadora. Todos los chavales estaban lanzados a hacerlo. Los maestros que se responsabilizaban de las distintas promociones de aquellos pequeños granjeros nos dijeron, sin embargo, que no podíamos permitir que unos niños vendieran sin más el producto, a pesar de que se tratase de una cosecha en la que ellos mismos habían participado. No era, por supuesto, razón suficiente. Se necesitaban permisos, haber pasado controles, etcétera. Chocábamos, con la burocracia. Otra triste enseñanza que los niños, aunque fuera la primera vez que se la encontraran, tuvieron que aprender. Se rompió algo que podía haber sido mágico para ellos, la magia que puede tener también el trabajo y sus resultados, además del aprendizaje adquirido cultivando y recolectando.

LA EDUCACIÓN COMO SÍNTOMA DE DESIGUALDAD

Volviendo al concepto de «aprender» en general con el que empezamos, creo que no podemos hablar del placer de estudiar y aprender sin ser conscientes del enorme privilegio que significa vivir en un mundo en el que el analfabetismo ha desaparecido prácticamente de nuestra sociedad cercana. No nos engañemos, nuestra sociedad española es hoy una sociedad alfabetizada, pero no lo fue hasta hace unas pocas décadas. En esto, como en tantas otras cuestiones, la situación actual ha sido el resultado de una enorme lucha, a lo largo de la historia, para hacer posible ese privilegio que hoy en día hemos alcanzado: vivir en una sociedad básicamente alfabetizada, abierta y preparada para el conocimiento.

«Aprender a leer y escribir es como salir de las tinieblas», aseguraba, rotunda, Aicha Barki, fundadora de la asociación argelina IQRAA, en los premios internacionales de Alfabetización de la UNESCO 2014.

Sí, así es. Imaginad por un momento que no supierais leer ni escribir. Seguro que os cuesta siquiera pensarlo. Pensaréis que enseguida aprenderíais los números, que son pocos. Ya podríais llamar por teléfono, pero ¿a quién? No entenderíais la lista de contactos, incluso si tuvierais un amigo que os la hubiera pasado. Eso sucedería con las cosas más comunes que os podáis imaginar.

¡Qué enorme injusticia que unos seres humanos sepan leer y escribir y otros no! Por supuesto, por encima de esa enorme y atroz desigualdad, está la más elemental que existe todavía hoy entre unos y otros seres humanos: la de que puedan o no alimentarse. No obstante, superada esa necesidad mínima básica, junto a la de tener una casa donde cobijarnos, el hecho de tener a nuestro alcance la lectura y la escritura constituye un objetivo fundamental para nuestra realización como seres humanos.

Para mí el debate sobre la desigualdad es hoy un punto clave en la actitud ética. Hay que pronunciarse. Hay que definirse. O estás por la desigualdad o estás en contra. Aceptar la desigualdad, aceptar que hay personas en el mundo que mueren por hambre, aceptar que hay en el mundo personas que no tienen ninguna posibilidad de aprender a leer y escribir impide a cualquier ser humano desarrollar su propio proyecto de vida. Creo que resulta difícil vivir sin sentirse inclinado a evitar esa desigualdad.

Hoy en día es difícil sentirse bien desde un punto de vista ético, e incluso estético, aceptando esa terrible, esa brutal desigualdad entre el estatus de unas y otras personas en el mundo, entre el lujo y la carencia más absoluta de todo.

Sin embargo, la humanidad mejora; y de ahí que sea tan importante que no rebajemos nuestros niveles

> Aceptar que hay en el mundo personas que no tienen ninguna posibilidad de aprender a leer y escribir impide a cualquier ser humano desarrollar su propio proyecto de vida. Creo que resulta difícil vivir sin sentirse inclinado a evitar esa desigualdad.

éticos y estéticos, que exijamos mantenerlos. ¿Puede alguien hoy cuestionar el derecho de cualquier ser humano a adquirir educación, a tener instrucción, a saber leer y escribir, a operar en matemáticas y a otros conocimientos básicos?

Pues, aunque nos parezca mentira, en el mundo, en este momento, hay más de 700 millones de analfabetos. Más de la mitad, más de 400, son mujeres. La causa del analfabetismo es la pobreza y la falta de preocupación de los gobiernos por la total desigualdad.

Aunque quizás esto no sea exactamente así. Los poderosos de todo tipo, tanto económico como social, siempre han aprendido —algunas veces de forma terrible— que permitir el acceso a la cultura, enseñar a leer y escribir a todo el mundo, significaba dar poder a quienes no lo tenían. Por eso puede caerse en la tentación de dejar en la ignorancia a grupos o capas más o menos amplias de la población de un país.

Sin embargo, esto ya no se declara abiertamente. Puede ocurrir, pero felizmente ya no se puede seguir esgrimiendo ni como objetivo, ni siquiera como defensa de determinados privilegios, como lo fue antaño. Enseñar significa empoderar a las poblaciones, empoderar a las grandes mayorías. Por eso, desde el poder, se llegó a prohibir aprender a leer y escribir a los pobres, a los esclavos negros, a los colonos en la época del Imperialismo en América, África y Asia, y a los obreros. ¿Para qué querían aprender?

Y, como no podía ser de otra manera, la prohibición, e incluso la «amable» recomendación de que no aprendieran, alcanzó también a las mujeres. ¿Os choca? Me gustaría que así fuera, que os pareciera chocante que se pusiera en cuestión la necesidad o incluso la conveniencia de que las mujeres accedieran a la educación. Pero así fue. Y, lamentablemente aún hoy sigue siendo así en algunos países. Aunque nos parezca una aberración, sabemos que hay países, como por ejemplo Afganistán, en los que se prohíbe estudiar a las mujeres.

El caso de la paquistaní Malala es emblemático. Los talibanes que ocuparon su pueblo impidieron a las niñas acudir a las escuelas. Malala no obedeció esas odiosas órdenes. No solo siguió yendo a la escuela, si no que se pronunció en su blog, defendiendo el elemental derecho de las niñas a tener educación. Unos talibanes le dispararon cuando iba en el autobús escolar. Se salvó de milagro.

EL CAMINO HACIA LA ALFABETIZACIÓN

Es interesante recordar el enorme y difícil camino que ha recorrido la humanidad para declarar que todos los seres humanos tenemos derecho a la educación.

Jan Amos Conmenius, nacido en Moravia en 1582, a quien se tiene por el padre de la pedagogía, tuvo la valentía y la lucidez de declarar que la educación debía ser universal y para todos: «Enseñar todo a todos», argumentaba. Probablemente, este pedagogo fue el primero que formuló eso que hoy ya nadie discute: el derecho universal a la enseñanza. Nosotros mismos, en nuestro país, hemos vivido esa lucha por la enseñanza universal y, como tantas otras, ha sido una lucha liderada por los progresistas. Siempre es así; hay quien se erige en defensa de la superación del *statu quo,* proponiendo la novedad frente a la costumbre y oponiéndose a los que defienden que las cosas no cambien.

En España, la primera ley en la que se declaró el derecho a la educación para todos fue la Ley Moyano, promulgada en 1856. En esta ley se dijo que «la primera enseñanza elemental es obligatoria para todos los españoles. Los padres o tutores o encargados enviarán a las escuelas públicas a sus hijos y pupilos desde la edad de seis años hasta la de nueve; a no ser que les proporcionen suficientemente esta clase de instrucción en sus casas o en establecimiento particular».

No parece que la ley se cumpliera a mediados del siglo XIX. Cincuenta años después, en el año 1909, se tuvo que aprobar en España una segunda ley de Instrucción

Pública, que prescribió el aumento de la enseñanza obligatoria desde los 6 años hasta los 12.

Sorprende hoy recordar la confrontación que causó la educación obligatoria. No obstante, podría parecerse el caso a las discusiones que hoy se suscitan ante propuestas de cambio. Pues bien, en un ensayo de derecho administrativo editado por el Colegio de Estudios Superiores de Deusto —suscrito por el padre jesuita José Nemesio Güenechea— se recoge el rechazo feroz al reconocimiento del derecho/obligación a la enseñanza obligatoria por parte de los partidos de la derecha conservadora de entonces. Dice el autor de este ensayo algo que hoy resulta espeluznante*:

> Declararse pues el Estado en una especie de ama de cría intelectual en imponer a cada niño, a título de tutela sus derechos, el biberón de la enseñanza obligatoria es un abuso de fuerza atentatorio a los sagrados derechos que los Padres poseen de educar a sus hijos cuando, como y en el lugar que les plazca. Es además una medida de sabor socialístico la enseñanza obligatoria (…)

---

* Ensayo de Derecho Administrativo, José Nemesio Güenechea, (Colegio de Estudios Superiores de Deusto)

Tanto más es de ponderar, cuanto que muchos padres pobres, para cuidar de la casa, del ganado, de otros hijos más pequeños, necesitan de sus hijos mayorcitos cuando estos llegan al periodo escolar; ahora bien, como el estado no les indemnice del daño que reciben, ni puedan ellos pagar criado para su auxilio, tendremos el caso de una expropiación forzosa de muy mal género, que mejor se llamará secuestro del derecho de la patria potestad (...)

(...) estamos íntimamente convencidos, y no somos los únicos, de que la enseñanza obligatoria es más bien perjudicial y altamente dañosa, si como está en boga, se reduce a leer y escribir y contar nada más.

Si al mismo tiempo no se impone la educación religiosa y moral obligatoria, se facilita extraordinariamente la lectura de los malos periódicos y revistas que todo lo apestan y envenenan y vician el sentimiento y estropean las inteligencias de las gentes sencillas. El tiempo se encargará de comprobar la mayor inmoralidad que la enseñanza obligatoria trae consigo. En conclusión, prácticamente se obliga a los Padres a que envíen a sus hijos a las escuelas para que sean corrompidas sus tiernas inteligencias irremediablemente.

¿No os parece que estos argumentos son antepasados directos de otros actuales como, por ejemplo, los reclamos de Vox contra la educación básica sexual que pueda darse —más bien siempre insuficiente— en nuestras escuelas, o con la información, como es obvio, que se da acerca de distintas preferencias sexuales?

No se sabe si aquellos furibundos detractores pensaron que las tiernas inteligencias fueron «corrompidas». Seguramente sí. No obstante, a pesar de esos agoreros pronósticos, y a pesar de quienes no quisieron que la educación fuera para todos, la enseñanza obligatoria se terminó imponiendo. Es hoy en día una realidad indiscutible. Lo es gracias a aquellos hombres y mujeres progresistas que, contra viento y marea, la persiguieron. Como en tantas cosas, un precedente a tener en cuenta.

Nos podemos preguntar —porque felizmente ya nos sorprende— cómo es posible que se quisiera privar a las personas que no tenían recursos de su derecho universal a la enseñanza obligatoria. La verdad es que en alguna medida, aunque ahora lo veamos como algo absurdo, parte de esos razonamientos de antaño, absolutamente reaccionarios, estaban entroncados con una falsa idea de lo que es la libertad. Ello cobra mayor importancia porque el fenómeno se repite hoy. Sucede ahora también.

En aquel entonces se decía que los padres tenían el derecho o la libertad de no instruir a sus hijos si así lo consideraban conveniente. De hecho, aunque algunos padres así lo manifestasen, quienes más defendían por ellos ese supuesto «derecho», eran interesados poderosos que preferían contar con sumisos trabajadores sin conocimientos, que no pudieran tener la tentación de rebelarse contra su situación de absoluta dependencia, cuando no de explotación.

Pues bien, fijaos en lo que pasa hoy: la extrema derecha ha conseguido en las últimas elecciones unos cuantos diputados en diversas partes de España, y entre otros mensajes discutibles, mantiene que los niños solamente deben conocer aquello que los padres decidan y crean que les conviene. Lo argumentan, como antaño lo hicieron otros igualmente reaccionarios, blandiendo la bandera de una supuesta libertad. Una libertad desde una concepción individual, que niega la condición social de la persona, y por tanto del niño o la niña, de contar con toda la información relacional para desenvolverse en la felizmente evolucionada y diversa sociedad actual.

Haciendo un inciso conveniente, la cuestión remite a las «nuevas libertades» que la derecha ha ido efímeramente reclamando ante la evolución social: la «libertad» de beber aunque se vaya a conducir (felizmente, ya no se han atrevido a hacerlo con las drogas), la «libertad» de fumar, sea donde sea, y el último grito, la «libertad» de contaminar circulando por donde a cada uno le plazca y con el vehículo que sea.

Nada de esto tiene que ver con la libertad. Es anacrónico repetir ahora argumentos que reivindican la supuesta libertad de los padres en los que hace más de un siglo se apoyaron los partidos conservadores para tratar de impedir el derecho de los niños a la educación. Decían aquellos que estaban en contra de la educación obligatoria para todos, que los padres tenían derecho a no mandar a sus hijos a las escuelas y de mantenerlos en la ignorancia y que la pretensión del Estado de que obligatoriamente fueran a la escuela era nada menos que algo así como una expropiación del derecho de la patria potestad. ¿Podría volver a ser hoy un argumento para Vox?

LA EDUCACIÓN ES LA LIBERTAD REAL

Es muy importante no olvidar que los niños son seres humanos completos, con sus propios derechos. Estos limitan sin duda alguna los derechos de los padres. Los hijos no son propiedad de los padres. Por eso no es jurídicamente aceptable que los padres controlen toda la información que reciben sus hijos, ni tampoco el que puedan limitarla y manipularla. Repasar la Convención sobre los Derechos del Niño aclara esto. Si ahora nos escandaliza que se pretendiera conseguir a principios del pasado siglo el derecho de los padres a dejar en la ignorancia a sus hijos, también nos tiene que alertar la pretensión de algunos ciudadanos de ideas conservadoras de mantener a sus hijos en reservas o burbujas externas, al margen de la realidad social real.

Cuestionan en estos días que los niños tengan información sobre temas generales de conocimiento e información sexual. De hecho, parecen pretender mantener a los hijos en un analfabetismo sexual que, por otra parte, resulta pueril en un mundo con internet y en el que la pornografía está al alcance de un clic. No es lícito y, además, resulta pernicioso tanto para ellos mismos como para la sociedad en general.

En el 2018, en el Ayuntamiento de Madrid realizamos, como venía siendo habitual, una encuesta entre los jóvenes de 13 a 19 años. Se les preguntaba sobre muchos aspectos de su vida: familia, diversiones, amigos, etcétera. Nos pareció imprescindible incorporar una nueva pregunta sobre su actividad sexual, pero el Partido Popular, a través de la competencia que detentaba el gobierno de la Comunidad de Madrid, impidió que se pasara la encuesta. Los padres,

—nos decían—, habían protestado. ¿No querían saber la actividad sexual de sus hijos? ¿Todavía pensaban que no la tenían? ¿Preferían no enterarse? —Abordar la sexualidad, argumentaban— no es conveniente. ¿Abogaban también por el analfabetismo sexual?

¡Qué error significa esa cerrazón! Claro que la sexualidad debería ser un elemento más, y yo diría que crucial, de información y conocimiento para los adolescentes. No se les puede sustraer a los niños. No, los padres no pueden decidir sobre ese nuevo analfabetismo.

> Es muy importante no olvidar que los niños son seres humanos completos, con sus propios derechos. Estos limitan sin duda alguna los derechos de los padres. Los hijos no son propiedad de los padres. Por eso no es jurídicamente aceptable que los padres controlen toda la información que reciben sus hijos, ni tampoco que puedan limitarla y manipularla.

En la segunda mitad del siglo pasado, España logró por fin salir del analfabetismo. En 1930 el nivel de analfabetismo era del 40 %. En 1940, a pesar del enorme esfuerzo que se hizo en la República y con los desastrosos efectos de la guerra, era del 23 %. Veinte años después, en 1960, era de, todavía, un significativo 11 %.

Aunque la Ley Moyano y los decretos que la complementaron declararon el derecho (y la obligación) a la educación universal y gratuita, resultó, en la práctica, enormemente difícil cumplir con la ley. Por una parte, la resistencia de los grupos reaccionarios y conservadores, y por otra, la torpeza y la ineficacia de la Administración, así como la insuficiencia de los recursos aplicados para su cumplimiento, hicieron que el proceso de alfabetización fuera enormemente lento. Solo durante la corta época de la Segunda República hubo un esfuerzo descomunal liderado por una generación de maestros vocacionales, muchos de ellos muy vinculados a la República, que acabaron pagando con su vida su entusiasmo pedagógico.

Durante el franquismo, y a medida que el desarrollo económico fue generalizándose en España, disminuyó sin duda el analfabetismo. Aun así, mi generación tuvo la oportunidad de vivir, en los primeros años sesenta, las últimas campanas de emergencia.

Se crearon por parte del Servicio Universitario de Trabajo (SUT), vinculado a la Falange desde 1951. Parece ser que este servicio surgió por iniciativa de quien fue una figura verdaderamente emblemática del Madrid de la Dictadura: el padre Llanos, confesor directo del dictador Francisco Franco, que fue conocido fundamentalmente por la labor social que hizo en uno de los grandes suburbios de Madrid desde los años cincuenta, el Pozo del tío Raimundo. Dicho servicio se creó pensando que sería conveniente que los estudiantes universitarios —que en aquel momento procedían de las clases altas y medias altas— conocieran algo de lo que era la clase obrera y sus condiciones de trabajo, así como las del mundo rural y de los suburbios de las grandes ciudades.

Se organizaron campañas especiales de alfabetización: primero, durante dos veranos sucesivos, en Granada, en el mundo rural; y después en Madrid, en los barrios de chabolas, que aún perduraban en número significativo. Los universitarios, todos ellos voluntarios, actuaban durante un corto periodo de tiempo como improvisados maestros. Sin embargo, por el «peligro» que entrañaba que los jóvenes involucrados tuvieran conocimiento de la realidad, tan distinta a la que vivían en sus familias, la iniciativa generó conflictos y las campañas se suspendieron.

Las campañas, que reconocieron el problema del analfabetismo, surgieron en un contexto especial, propio del franquismo. En el mundo universitario, que se reconocía de y para las élites del país, existía, fruto de la ideología falangista, el SEU, Sindicato Español Universitario. Aunque sus máximos dirigentes eran designados por el aparato político del Régimen —el Movimiento—, se nos permitía a los universitarios, como excepción, que eligiéramos a nuestros representantes por cursos, o por facultades o escuelas. En ese clima, se fue generando un movimiento estudiantil democrático que iría construyendo reivindicaciones y dando pasos.

Según cuentan, el propio Dictador le pidió a su confesor que ideara algún tipo de organización que pudiera atraer a los jóvenes universitarios, que ya en los años cincuenta del pasado siglo iban alejándose del espíritu de la Falange. El principio de entrada era simple: convenía que los que después estarían llamados a dirigir el país lo conocieran. A partir de entonces se ofreció a los estudiantes la posibilidad de trabajar durante el verano en una fábrica, en una mina o en el campo. Solo después de una década de esas experiencias, se plantearon las campañas de alfabetización: ir a los pueblos de España para alfabetizar a muchas personas que todavía en aquel momento no sabían leer ni escribir.

Con las actividades del SUT no se consiguió que hubiera más vinculación entre la juventud española de aquellos años con la Falange ni con el franquismo, al que resultaba fácil achacar las condiciones de vida que los universitarios conocieron. Lo que sí se consiguió es que se creara una fuerte conciencia social entre nosotros, estudiantes de familias acomodadas, que tuvimos la ocasión de conocer más a fondo nuestro país, un país que había que contribuir a mejorar. Muchos políticos de la Democracia que llegaría pocos años después habían pasado por las experiencias del SUT.

La gran tarea pendiente de la alfabetización superaba con creces las posibilidades de dedicación —durante un tiempo escaso— de unos universitarios sin experiencia ni formación específica alguna. Nos dábamos cuenta de que nuestra aportación parecía una gota en el océano. Esa tarea de alfabetización fue más útil para nosotros. Aprendimos mucho más de lo que pudimos enseñar. También aprendimos lo fascinante que es enseñar e intentar convencer de lo bueno que puede ser aprender. Ellos, nuestros efímeros alumnos y alumnas, quizá lo consiguieran. A nosotros, después de aquella experiencia, nos quedó el recuerdo de la dificultad de convencer a las mujeres —incluso a las jóvenes o mozas, como solían llamarlas— de la necesidad de aprender. Las adultas ya lo daban por imposible, pero incluso para las jóvenes resultaba un proceloso mundo lejano en el que dudaban muy mucho poder adentrarse. Ya era un esfuerzo enorme para ellas enfrentarse al pudor que les provocaba nuestra presencia.

EL FUTURO ES YA

Por supuesto que no creo que lo que fue bueno en 1960, hace ya sesenta años, pueda serlo ahora, en 2019. Repetir aquella misma experiencia seguro que no sería bueno. Sin embargo, sí creo que todos los jóvenes estudiantes tienen que saber que aprender, que estudiar, es un placer y a la vez un privilegio respecto a tantos y tantos seres humanos en el mundo que todavía hoy no saben ni tan siquiera leer y escribir.

Junto al placer de estudiar y aprender está también el enorme placer de enseñar, de compartir lo que uno sabe y otros desconocen. Compartir esa llave maravillosa que nos abre el mundo. Leer y escribir es algo mágico.

Por eso, no puedo dejar de reflexionar. ¿Qué pueden hacer los jóvenes de hoy? ¿Qué podéis hacer los jóvenes de hoy para disfrutar no solo del placer de estudiar y aprender, sino también del de enseñar? Pienso que las nuevas tecnologías pueden hacer maravillas. Quizá esos 700 millones de analfabetos que todavía hay en el mundo podrían vincularse a tantos y tantos jóvenes estudiantes universitarios para aprender de ellos lo que necesitan. Sé que la tecnología permite ahora hacer cosas que parecían antes inverosímiles. Me consta que existen aplicaciones que han diseñado programas de apoyo al conocimiento que pueden extenderse por todo el mundo. Fueron estudiantes universitarios quienes diseñaron redes sociales como Facebook que les hicieron millonarios. ¿Por qué no pensar en oportunidades nuevas para vosotros, los estudiantes de hoy, que os permitan compartir el placer de enseñar con esos millones de personas que aún no saben lo que es leer y escribir?

REFUGEES WELCOME!

Esta fue la pancarta que colocamos en el ayuntamiento

Es lo que ponía en una inmensa pancarta que colgamos durante varios años en la fachada de la sede del ayuntamiento de Madrid, en la plaza de Cibeles. Causó sorpresa.

El entonces Secretario General de la ONU, Ban ki-Moon, nos visitó en el Ayuntamiento. Elogió calurosamente la pancarta, sin ninguna duda ni matiz. Lo consideró un gesto necesario. Creo que tenía razón. Sin embargo, como era de prever, en Madrid no le gustó a todo el mundo. Algunas personas me preguntaban por qué habíamos puesto esa pancarta en inglés y no en español. Otros simplemente consideraban que era un atentado a la belleza del edificio donde radica la sede del Ayuntamiento. Y otros, seguro que esgrimían otras tantas razones para estar en contra. No me las decían a mí, sino que lo hicieron en los medios, posicionados, la mayoría, tan en contra de nuestro Ayuntamiento.

Probablemente había razones para que no gustara demasiado eso que era, de hecho, una carta de acogida. Pero cumplió un papel importante. Cuando me reprochaban que estuviera escrita en inglés y no en español, explicaba que había elegido el inglés para que los refugiados, que estaban, o bien en los campos de refugiados de Grecia o intentado atravesar Europa, supieran que había una ciudad en la que se les esperaba. Y es que era así.

La guerra de Siria nos explotó a todos como una granada inmensa. Es una guerra civil tremenda. Empezó en 2011 y, de hecho, todavía continúa. Ha provocado ya que, a finales de 2019, más de cinco millones y medio de hombres, mujeres y niños hayan huido desplazados según la ONU.

> Probablemente había razones para que no gustara demasiado eso que era, de hecho, una carta de acogida. Pero cumplió un papel importante.

En septiembre del 2015, poco después de que alcanzásemos el Gobierno municipal de Madrid, Europa estableció cuotas de reparto obligatorio entre unos y otros países de la Unión. España se había comprometido a recoger su cuota correspondiente. Pero pronto se vio que el nivel de incumplimiento, —no solo en España, sino a nivel global— era enorme, por no decir total.

A principios del año 2016 se publicaron terribles fotografías de las víctimas de ese cruel éxodo. Sin duda, entre todas ellas, una había impactado especialmente al mundo entero. Era la del cadáver de Aylan, un niño de tres años que el mar había expulsado a la playa.

RED DE CIUDADES ACOGEDORAS

Varias ciudades del mundo reaccionaron ante la falta de responsabilidad y sensibilidad de los estados y se urdió una liga informal de ciudades acogedoras. Ciudades dispuestas a hacer lo posible para recibir a los refugiados sirios. Estaban París, Berlín, Barcelona y, claro, Madrid también. Teníamos que estar. Así lo creíamos. Respondíamos, además, al aluvión de solidaridad que se despertó por parte de la ciudadanía. Muchísimos vecinos de Madrid llamaban al Ayuntamiento. Ofrecían sus casas. Enviaban ropa. Se ponían a nuestra disposición para cuando llegaran los refugiados que nuestro país se había mostrado dispuesto a acoger.

Quizás cabe hacer un inciso. La dialéctica entre ciudades y estados está ahí, en Europa, en Estados Unidos y en casi todos los países. Es algo importante. Lo que cuento respecto a los refugiados es una muestra de ello. Interesante cuestión que rebasa los límites de este relato.

VOLUNTAD POLÍTICA Y ORGANIZACIÓN

La competencia política y administrativa en materia de emigración la tiene en España el Ministerio del Interior que, en combinación con las comunidades autónomas, tiene que resolver la acogida de las personas que demandan asilo.

Pero en esto, como en tantas otras cosas, una cosa es lo que dice la ley y otra es la realidad.

Al cabo de un año, España había recibido una ínfima parte de los refugiados sirios con los que se había comprometido. Nadie desde las instancias del Gobierno de la nación nos decía nada al respecto.

Sin embargo, en 2017, sin preverlo ni haber sido organizado por autoridad alguna, empezaron a llegar a Madrid refugiados sirios. No llegaban solos, venían junto a migrantes irregulares subsaharianos que habían conseguido cruzar el Estrecho. Al mismo tiempo, también aumentaron los refugiados venezolanos que solicitaban el derecho de asilo. De improviso, había que dar respuesta a ese insólito flujo de inmigración.

Nos organizamos. Unos solo querían pasar por Madrid para seguir viaje hacia Francia u otros países europeos. Había que ayudarles en el tránsito. Otros muchos venían para quedarse. Hasta el verano de 2018 siguieron llegando refugiados sirios, pero fueron muchos más los subsaharianos. En colaboración con la Cruz Roja destinamos edificios que estaban asignados a otros menesteres para su acogida. Con muchas dificultades y algunos impedimentos intencionados por parte de otras instancias políticas, mal que bien, lo conseguimos.

Los subsaharianos hablan, en su mayoría, francés. Para mí eso facilitaba la comunicación. Les fui a visitar varias veces. Suelen venir en autobuses que llegan desde los centros de acogida del sur de España y suelen ser personas con una buena formación y una excelente educación.

Yo digo —ya que creo que es así— que, en líneas generales, emigran los mejores, los más decididos, los más valientes. Emigran porque su país no les permite vivir como ellos sueñan, porque no tienen manera de conseguir una vida buena, porque no pueden estudiar, porque no pueden mejorar, porque precisan una sanidad que no tienen, porque viven en una guerra constante o simplemente porque están inmersos en las arbitrariedades de los poderes dictatoriales de sus países de origen, aunque a veces estos estén formalizados en teoría como democráticos. Son facetas de un mismo problema, de una falta de condiciones para prosperar de aquellos que quieren, y apuestan (arriesgando incluso sus vidas) por hacerlo. Vienen a eso.

En la gran mayoría de los casos, emigrar no es un capricho, es una necesidad. Casi nadie quiere voluntariamente desarraigarse y marcharse.

Hay que ver la migración como a la expresión, arriesgada pero legítima, de los hombres y mujeres que buscan la mejor manera de vivir y realizarse. Somos, pero sobre todo hemos sido hace apenas unas pocas décadas, un país de emigrantes. Cuesta pensar que lo podamos olvidar.

LA ACOGIDA

Volviendo a la acogida de los migrantes en Madrid. Nada más llegar les ofrecíamos una ducha y un desayuno, pero lo que todos ellos querían, antes de nada, era conectar sus teléfonos móviles y llamar a los suyos, llamar a sus madres para decirles nada más y nada menos que esto: «Madre, estoy vivo. Madre, he llegado a España».

Yo digo —ya que creo que es así— que, en líneas generales, emigran los mejores, los más decididos, los más valientes. Emigran porque su país no les permite vivir como ellos sueñan, porque no tienen manera de conseguir una vida buena, porque no pueden estudiar, porque no pueden mejorar.

Cuando iba a verlos, los saludaba en francés, me sonreían y me daban las gracias. «Mercie, Madame la Maire; mercie, España; mercie, Madrid». Observándolos, pensaba en esas madres que respirarían felices por primera vez después de mucho tiempo de angustioso silencio de sus hijos. Observándolos, sentía orgullo de la ciudad de Madrid, orgullo de mi país, España.

LA ONU Y LAS MIGRACIONES

En la web de Naciones Unidas se afirma: «Desde la antigüedad, el ser humano ha estado en constante tránsito. Algunas personas se desplazan en busca de trabajo o de nuevas oportunidades económicas, para reunirse con sus familiares o para estudiar. Otros se van para escapar de conflictos, persecuciones, del terrorismo o de violaciones o de abusos de los derechos humanos. Algunos lo hacen debido a efectos adversos del cambio climático, desastres naturales u otros factores ambientales».

En la actualidad, una gran cantidad de personas vive en un país distinto de aquel en el que nacieron, aunque por ahora los nacidos en cada país sigan siendo mayoría. En 2017, el número de migrantes alcanzó la cifra de 258 millones, frente a los 173 millones de 2000. Sin embargo, en términos globales, la proporción de migrantes internacionales respecto a la población mundial crece, es superior a la registrada en las últimas décadas:

un 3,4 % en 2017, en comparación con el 2,8 % de 2010 y del 2,3 % de 1980*.

El aumento cobra aún mayor importancia relativa si se recuerda que al tiempo que crece exponencialmente, lo hace también la población mundial.

Mientras que muchas personas escogen por voluntad migrar, otras muchas tienen que hacerlo literalmente por necesidad. Son estos los que huyen, por una razón u otra. Según ACNUR, hay 68'5 millones de personas desplazadas por la fuerza, entre los que se incluyen 25'4 millones de refugiados, 3'5 millones de solicitantes de asilo y casi 40 millones de desplazados internos.

MIGRANTES Y APOROFOBIA

Es incuestionable que ahora, y desgraciadamente a lo largo de toda historia de la humanidad, se menosprecia y se ha menospreciado a los pobres por el hecho último de ser pobres. Aquí, en el mundo occidental, se ha llegado

---

* Datos extraídos de la página del Departamento de Asuntos Económicos y Sociales (DAES) de Naciones Unidas.

a acuñar un término: la aporofobia*. Es lo que se siente hacia colectivos que no están además integrados en una sociedad que tiende a alardear de haber eliminado la pobreza y cuya existencia tiende a ignorarse, o a no querer reconocerse. Ello refuerza su rechazo. Hago este inciso-recordatorio ya que la fobia a la inmigración tiende a coincidir con esa aporofobia. Los inmigrantes ricos, sea cual sea su raza o religión, no parece que tengan ningún problema de aceptación.

EL PACTO DE MARRAKECH DE 2018

Constatados los problemas de aceptación e integración, la ONU ha intentado sentar unas bases para abordar positivamente las migraciones. Para ello se ha llegado a suscribir hace menos de un año el Pacto Mundial para la Migración Segura, Ordenada y Regular o Pacto Mundial sobre Migración. Es un acuerdo intergubernamental promovido, como he dicho, por la Organización de las Naciones Unidas, que busca «mejorar la gobernabilidad de la migración y afrontar los desafíos asociados con la mi-

---

* La aporofobia es el rechazo a los pobres por el hecho de serlo. Término que introdujo en sus tesis la catedrática de ética Adela Cortina.

gración actual, así como para reforzar la contribución de los migrantes y la migración al desarrollo sostenible».

Lo firmaron 164 países, entre ellos España, en una conferencia de Naciones Unidas celebrada en Marrakech (Marruecos) los días 10 y 11 de diciembre de 2018. Este pacto no es un tratado internacional y, por tanto, no es de obligatorio cumplimiento.

> El rechazo a la inmigración tiende a coincidir con esa aporofobia. Los inmigrantes ricos, sea cual sea su raza o religión, no parece que tengan ningún problema de aceptación.

Sin embargo, como otros acuerdos similares de la ONU, se considera un compromiso políticamente vinculante.

Yo estuve allí, invitada por el secretario general de la ONU, el portugués António Guterres. Nos habíamos conocido en Nueva York y sabía de nuestro esfuerzo de acogida. Quería que interviniese en la conferencia y lo hice. Hablé de la importancia de que la migración, que sin duda todos queremos segura y ordenada, se desburocratizara y humanizara, y para eso propuse hacer convenios de ciudad a ciudad. Aunque la competencia respecto a la migración es estatal, es conveniente descentralizarla. Las ciudades sabemos cuáles son nuestros recursos y necesidades, y podemos ser más próximas a unos y a otros. En síntesis, más útiles.

Pues bien, a pesar del claro diagnóstico que hace Naciones Unidas —mucho más objetivo, pudiéramos decir—, la migración se ha convertido en nuestros días en uno de los temas que se tienden a abordar a través del más furibundo debate ideológico. ¿Nacionalismo?

Los líderes de los partidos conservadores han hecho del fenómeno de la migración irregular una cuestión de confrontación constante en la que se han apoyado para volver a introducir en el debate público cuestiones que fueron dramáticas en el siglo pasado y que dábamos ya por superadas. La raza blanca y su supremacía causaron

> Aunque la competencia respecto a la migración es estatal, es conveniente descentralizarla. Las ciudades sabemos cuáles son nuestros recursos y necesidades, y podemos ser más próximas a unos y a otros. En síntesis, más útiles.

inmenso dolor a infinidad de seres humanos, y de nuevo volvemos a observar en el discurso de las extremas derechas descalificaciones hacia las culturas de piel oscura.

Por eso, desde Naciones Unidas se ha insistido mucho, y así se hace en este último pacto de 2018, en que la migración ha de ser forzosamente segura, ordenada y regular.

Pese a estar tan tergiversado por la confrontación ideológica y precisamente por eso, el debate sobre la migración resulta imprescindible en este momento. Eso sí, planteándolo y abordando sus distintas facetas y aristas, casi nunca reconocidas, y evitando considerarlas todas al unísono.

LAS MIGRACIONES Y LA EXTREMA DERECHA

Como muchos de los actuales problemas globales, la migración no es un asunto de fácil resolución. Lejos de descender, con las desigualdades actuales la migración tenderá a aumentar en los años próximos. Ya hemos visto la tendencia reciente. Quizá seáis vosotros, los jóvenes, los que tengáis que resolverlo, sabiendo las consecuencias tan dramáticas que su rechazo comporta, y la dificultad, pero a la vez los exitosos resultados, que su integración puede implicar.

Sin embargo, lo que es evidente es que tenemos que abordar este debate sobre la migración y sobre su planificación con datos reales y sin dejarnos arrastrar por los argumentos, tantas veces falaces y siempre fáciles, que enarbola hoy la extrema derecha y que tienden a compartir también quienes dicen no ser tan «extremos». Los discursos antiinmigración no tienen que ver muchas veces con la inmigración en sí misma.

Quizá seáis vosotros, los jóvenes, los que tengáis que resolverlo, sabiendo las consecuencias tan dramáticas que su rechazo comporta y la dificultad, pero a la vez los exitosos resultados que su integración puede implicar.

Hay que profundizar en el fondo del problema y buscar la forma de llegar a acuerdos entre todos. Partamos de que todos quisiéramos que la migración fuera «segura, ordenada y regular», como se dice en el pacto. Para conseguir esto sería necesario hacer una planificación del fenómeno por parte del conjunto de países que se ven afectados por él: los países de origen y los países de recepción. ¿Suena a utopía? Seguramente, aunque no parece que haya otra vía. Es un fenómeno complejo ante el que no caben soluciones simples, y menos aún simplistas.

OTRAS POLÍTICAS SERÍAN NECESARIAS

Los países de recepción deberían desarrollar políticas para tranquilizar y, aún más, para tratar de asegurar a sus propias poblaciones el efecto positivo de los migrantes.

Sobre todo en aquellos países como España (y en general, como toda Europa) con una demografía tan envejecida. Así, parecería no solo razonable, sino conveniente, que los países establecieran cómo abordar e integrar la llegada de colectivos de otros países. Y ello teniendo en cuenta no solo la migración económica, sino la de los demandantes del legítimo derecho internacional de asilo, es decir, los refugiados o los expulsados de sus propios países.

> Para conseguir esto sería necesario hacer una planificación del fenómeno de la migración por parte del conjunto de países que se ven afectados por él: los países de origen y los países de recepción. ¿Suena a utopía?

¿Producir en sus países de origen? ¿Filtros productivos a la emigración? ¿Plan Marshall en África? ¿Nos metemos en estas honduras?

Pero, para hacer propuestas, conviene que tengamos muy clara la confrontación, cuando no el rechazo expreso, que hoy se hace de la migración incluso en países que son, precisamente, consecuencia de ella, como Estados Unidos.

Esa confrontación se lidera desde los partidos conservadores del mundo, que responden a las posiciones de sus respectivas opiniones públicas, a las que dicen representar y que, en mayor o menor medida, consiguen que les voten. Esa posición está hoy muy identificada con histriónicos líderes cuyo máximo exponente puede ser el presidente Donald Trump de Estados Unidos, al que, no por casualidad, nos hemos tenido que referir en otros pasajes del libro. En Europa le iguala en extremismo Matteo Salvini, Vicepresidente y ministro del Interior del Gobierno italiano hasta septiembre de 2019, que protagonizó la oposición al desembarco de náufragos rescatados del Mediterráneo, solo superada por la intervención de la justicia de su país. Los que se oponen hoy a la inmigración hablan también de su regulación. No obstante, lo que hacen en mayor medida es resucitar viejos fantasmas del pasado como el racismo, o no tan viejos, como la citada aporofobia.

¿NACIONALISMO DEFENSIVO?

Los discursos de la derecha extrema en los partidos occidentales avanzados responden al puro nacionalismo defensivo, que convierte en un hipotético «peligro» toda inmigración de extranjeros pobres. En España, lo hacen sobre todo Vox y el ala más radical y conservadora del Partido Popular. Algunas voces de Ciudadanos, que presumía de ser más liberal, parecieran responder igualmente a ese perfil. Manejan el argumento de la necesaria prevalencia de los españoles, de los nacionales, frente a los «otros».

La expresión que el presidente Trump ha proclamado de «América primero» ha sido adoptada en otras latitudes por su contenido defensivo supuestamente afirmativo. Aquí también ha sido adoptado por la derecha, diciendo «España primero».

La supuesta prevalencia de derechos de los nacionales españoles frente a otras personas que no hayan nacido en España parece ser en gran parte una coartada para esconder no solo el racismo, sino también la aporofobia que late en esas ideologías.

NO NACIONALES, BUENO; PERO NO POBRES

Cuando la UE se amplió a veintiocho con la entrada de once países más, se propició un aluvión de inmigrantes ya comunitarios procedentes de países como Polonia, Croacia o Rumanía. No se distinguían por el color de su piel, venían en general con un alto nivel de formación. Gran parte de las obras de reforma o incluso de obra nueva actualmente las llevan a cabo estos inmigrantes, en muchísimos casos ya ampliamente afincados en nuestro país.

> La supuesta prevalencia de derechos de los nacionales españoles frente a otras personas que no hayan nacido en España parece ser en gran parte una coartada para esconder no solo el racismo, sino también la aporofobia que late en esas ideologías.

Recordemos también que en España contamos con poblaciones costeras que tienen vecinos no nacionales, sobre todo europeos, que en nada nos molestan, ni siquiera nos extrañan. Por supuesto, utilizan nuestros servicios e instituciones, en las que llegan a tener representantes. Eso sí, ni son pobres ni el color de su piel contrasta con el nuestro, aunque sean aún más blancos y rubios.

Este fenómeno responde también en gran medida a nuestra pertenencia a la UE y es una consecuencia curiosa del turismo. El turismo es nuestra principal industria, importantísima fuente de ingresos. Vienen a España personas de otros países, fundamentalmente de países con un alto nivel económico, que pueden permitirse disfrutar sus vacaciones en el extranjero, se enamoran de nuestro país y deciden establecerse definitivamente entre nosotros.

Muchos vienen a quedarse, a disfrutar de sus jubilaciones. Se convierten en población permanente y en algunos casos son mayoría frente a los nacionales. Sin embargo, no ha habido ningún proceso de confrontación o de rechazo a esos nuevos vecinos. Tampoco hemos demostrado rechazo a vecinos con altísimo nivel económico procedentes de países árabes o de Rusia que se han afincado en las zonas costeras de España. Incluso por ley cabe otorgar el visado de residencia a quien compre una propiedad en España por valor superior a 500 000 €. Parece denotarse que el rechazo y confrontación es hacia un determinado tipo de inmigrante; no es, por tanto, «España primero», sino sobre todo «los ricos primero».

Además, si escuchamos con atención los discursos anti-inmigración, podemos ver cómo late en ellos un claro antagonismo con lo que llaman culturas contrarias a la civilización occidental. Es decir, las culturas africanas o islámicas. No podemos olvidar lo que ha significado el ejercicio de la prepotencia de la etnia blanca sobre otras etnias. Experiencias que ahora parecen casi imposibles de imaginar, como las crueldades sin límite en el Congo Belga, el genocidio nazi, el odioso *apartheid* sudafricano, o incluso la más larvada pero brutal persecución convivencial de los afroamericanos en Estados Unidos, han estado ahí y han dejado impronta. Han formado parte del contenido intelectual más repugnante de una derecha más o menos extrema.

La aporofobia refuerza sin duda la xenofobia y el racismo. Es incuestionable que ahora, y desgraciadamente a lo largo de toda historia de la humanidad, se menosprecia a los pobres por el hecho último de ser pobres. Hay un cuento conmovedor del escritor Jack London que tiene que ver con el desprecio absoluto que suscitaba, a principios del siglo xx, la inmigración china en la Polinesia Francesa. El cuento, titulado «El chinago»*, nos relata cómo un juez francés ha condenado a un chino, Ah Cho, como autor del homicidio de Chun Ga, a la pena de muerte, pero los policías franceses se han equivocado: todos saben en la plantación que el asesino es Ah San. Cuando se dan cuenta del error no quieren esclarecerlo. La deshumanizacion de estos contrasta con el precioso hilo del pensamiento de Ah Chao. Os recomiendo que lo leáis.

Necesitamos confrontar con claridad mensajes que envenenan la resolución de los problemas reales que puede

---

* *Cuentos completos,* Jack London (Reino de Cordelia).

generar la emigración. Vivimos ahora, y seguramente vi-viremos todavía durante mucho tiempo, la llegada de grandes colectivos de hombres, mujeres y niños que huyen de guerras o de la represión política que padecen en sus países.

FUIMOS REFUGIADOS E INMIGRANTES

Finalizada la guerra civil española, en 1939, Francia tuvo que acoger un número inmenso de españoles que, tras la derrota de la República, escapaban de la llegada de la dictadura de Franco y sus represalias. Hace poco veíamos conmemoraciones de aquel exilio y de su dureza. Hemos conocido las difíciles condiciones en que nuestros compatriotas tuvieron que vivir en aquella obligada acogida por parte de Francia, agravadas cuando esta fue invadida por las tropas hitlerianas y el gobierno francés aceptó las condiciones de ocupación.

Hoy en día, los derechos de los refugiados han evolucionado y ya aparecen recogidos con claridad en las convenciones de Naciones Unidas. Se trata de respetar su condición, aunque no siempre se consiga satisfactoriamente. Los recursos son siempre insuficientes y la geopolítica dificulta la integración y desarrollo de esos colectivos desplazados. En todo caso, se ha de respetar su condición.

Como país, antes de esas convenciones, nosotros tuvimos una amarga experiencia. Salieron de España más de 500 000 exilados políticos forzados, es decir, emigrantes. Esa experiencia la han vivido después muchos otros países. Por supuesto, ahora Siria, cuyo proceso de «expulsión» parece no parar. Pero también otros países, como los africanos, que han sufrido y siguen sufriendo desgarradores conflictos, o los afectados por la durísima guerra de los Balcanes, más cercana e inimaginable por reciente.

> Hoy en día los derechos de los refugiados han evolucionado y ya aparecen recogidos con claridad en las convenciones de Naciones Unidas.
> Se trata de respetar su condición, aunque no siempre se consiga satisfactoriamente.

Parece que, dado nuestro pasado, debiéramos ser especialmente sensibles ante los refugiados. Por eso puede ser importante, cuando hablamos de colectivos de migrantes que acceden a nuestro país, distinguir con claridad la situación de los refugiados por razones políticas de los que deciden dejar su país fundamentalmente por razones económicas. Legalmente tienen un reconocimiento y tratamiento diferentes. De todas formas, y eso lo saben bien las correspondientes comisiones de asilo y refugio, no es fácil establecer una línea nítida entre ambos colectivos.

El discurso antiinmigración ha conseguido introducir en los programas políticos a los que he tenido acceso el compromiso de las comunidades autónomas y los ayuntamientos a devolver inmediatamente a sus países a todos aquellos migrantes que no hayan entrado en España con sus correspondientes visados. Esto no es posible y, además, no es legal. Se trata, como decíamos antes, de imponer de forma autoritaria (de «ordeno y mando») soluciones enunciativamente simples a problemas complejos.

LOS REFUGIADOS Y SU ESTATUS

Conviene saberlo: todo emigrante-refugiado puede cursar su petición de asilo y refugio, y tiene derecho a defensa jurídica y a esperar en el país de acogida hasta que se resuelva su solicitud. Esta espera tiene que hacerse en condiciones dignas. Es decir, tiene que tener garantizado alojamiento y manutención.

Aunque también criticada, como casi todo, nuestra ley de Extranjería es lógicamente garantista. Contempla que todo aquel cuya solicitud de asilo y refugio haya sido rechazada, puede ser expulsado de España al no haber entrado legalmente en el país. También se puede proceder a la expulsión de aquellos que, aquí llegados, no hayan solicitado su derecho de asilo y refugio. La expulsión se ha de tramitar por medio de otro proceso, que exige abogados, trámites y tiempos. Sin embargo, no son ni las garantías jurídicas ni las lógicas demoras del proceso legal las que hacen que la expulsión resulte imposible en la mayoría de los casos. Es decisiva la carencia de documentación fiable sobre la verdadera identidad y procedencia de los migrantes, así como la falta de acuerdo con los países a los que se habría de destinar a los expulsados, tantas veces un lugar del que huyen los potenciales expulsados. Todo esto convierte en insignificante el número de expulsiones posibles.

Hay que entender que, en principio, la ley en relación a los refugiados que solicitan asilo, está prevista, de hecho, para casos individuales, personalizados. No está concebida para «avalanchas» de refugiados que puedan tratar de acogerse al derecho de asilo. Las solicitudes colapsan las instancias que han de resolverlas, en las que no cabe, aunque se haga, dar soluciones genéricas por países o por otro tipo de características de los solicitantes. Es un problema irresuelto que requeriría un tratamiento específico ante solicitudes extraordinarias, que desgraciadamente pueden convertirse en permanentes.

TODOS LOS INMIGRANTES

El mencionado convenio de Marrakech de Naciones Unidas insiste, como no podía ser de otra forma, en que los migrantes irregulares tienen derecho a que se les apliquen los derechos humanos. Parece una redundancia innecesaria, pero que resulta conveniente recalcar. Los migrantes irregulares son hombres, mujeres y niños y, como no podía ser de otra forma, tienen todos los derechos que nos corresponden a la familia humana, tal y como se afirma en el texto de la Declaración de los Derechos Humanos.

Como ya hemos dicho, también en ese convenio se declara, como objetivo incuestionable, que ha de favorecerse la migración segura, ordenada y regular o legítima. Mientras esto no se consiga, habrá que desarrollar políticas claras respecto a una inmigración que, siendo ilegal, no podemos evitar y ante la que tienen que estar presentes esos derechos inalienables, los derechos humanos.

La necesidad del ser humano podrá siempre más que los muros y prohibiciones que se establezcan en los países. Y de nuevo tenemos que recordar que son más importantes los seres humanos, procedan de donde procedan, que las fronteras. Al fin y al cabo, estas no son más que normas, alambradas, cemento o mar, con su actual condición de fosa común.

El discurso antiinmigración parece que olvida esa verdad fundamental que no podemos obviar, los derechos humanos de los emigrantes, y justifica las medidas que propone por considerar que los migrantes irregulares constituyen un atentado a la seguridad de los países de recepción.

> La necesidad del ser humano podrá siempre más que los muros y prohibiciones que se establezcan en los países. Y de nuevo tenemos que recordar que son más importantes los seres humanos, procedan de donde procedan, que las fronteras.

Escuchamos en estos días que el presidente de Estados Unidos arguye que los migrantes irregulares son un inmenso peligro para la convivencia y que evitar su presencia lo convierte en asunto de emergencia nacional.

Para justificar estas afirmaciones se precisa demoni-
zar a los migrantes irregulares. En esto, como en otras
cuestiones, se utiliza la mentira como instrumento político
de primer orden. Se miente cuando se dice que son criminales y que, como delincuentes, constituyen una grandísima proporción de la población penitenciaria. Se les
achaca también falsamente que consumen una parte importante del presupuesto nacional, que debería estar
destinada al exclusivo disfrute de los nacionales.

Esas «acusaciones» aquí, en España, no responden a
la realidad. No se apoyan en datos reales. Faltan, ciertamente, como ya he dicho en otras ocasiones, datos fiables
para conocer bien la dimensión y el alcance de nuestros grandes problemas sociales. Esta ausencia de datos
es mucho mayor y preocupante cuando hablamos de fenómenos irregulares de los que, se podría decir que por
definición, no conocemos más que hipótesis o interesadas
opiniones.

En este momento no sabemos exactamente cuántos migrantes irregulares hay en España. No sabemos cuántos hay en la ciudad de Madrid. Su propia irregularidad
nos impide conocer su número y características. Por eso,
los datos que podemos manejar, por ejemplo, sobre el número de inmigrantes en prisión, no tienen una constatación

En esto, como en otras cuestiones, se utiliza la mentira como instrumento político de primer orden. Se miente cuando se dice que son criminales y que, como delincuentes, constituyen una grandísima proporción de la población penitenciaria.

objetiva. Sabemos que son pocos, pero no podemos determinar su porcentaje respecto la población extranjera irregular total. Solo podemos calcular ese porcentaje respecto a la población nacional, respecto a la que resulta aún más irrisorio. De todas formas, los datos con los que sí contamos no avalan las tesis de la extrema derecha.

El último informe completo sobre la situación penitenciaria en España es del 2017. Allí se recoge que el número de extranjeros en prisión es solo del 25,6 %. Este dato es indiscutible. No obstante, hay que relativizarlo a la baja y relacionarlo con la principal actividad delictiva de los presos extranjeros, que es el tráfico de drogas. La mayoría de los presos son pequeños traficantes de droga que llegan a nuestro país desempeñando su función de correos. No se trata, pues, de migrantes irregulares. Están en las cárceles españolas porque han sido detenidos en los aeropuertos nacionales y, sin duda, si no hubiesen sido sorprendidos, habrían regresado a su país de inmediato.

Con los datos de que disponemos, resulta también absolutamente imposible afirmar que las prestaciones sociales que se dedican a los migrantes irregulares impiden o reducen lo que los nacionales pueden disfrutar en pensiones o servicios. De entrada, los migrantes irregulares no tienen posibilidad alguna de disfrutar de una pensión. Solamente tienen derecho a ser atendidos médicamente y a que sus hijos puedan ir a la escuela.

No, no es cierto, pues, que los migrantes irregulares puedan restar prestaciones que corresponden a los nacionales. Repito, los migrantes irregulares no tienen prestaciones.

> El número de extranjeros en prisión es solo el 25,6 %. Este dato es indiscutible. No obstante, hay que relativizarlo a la baja y relacionarlo con la principal actividad delictiva de los presos extranjeros, que es el tráfico de drogas.

Afirmar lo contrario es, hoy en día, un bulo, una de tantas *fake news* que repiten una y otra vez los que las inventan con la intención de que los ciudadanos las consideren una realidad.

Lo que sí hacen los migrantes irregulares es trabajar. Ello tiende, sin embargo, a no reconocerse por parte de los que difunden aquellos bulos. Acusan a los inmigrantes de venir a vagar y vivir de la caridad, como afirma, sin datos, la señora Monasterio. El trabajo de los inmigrantes irregulares constituye una realidad fundamental que explica, en último término, su propio flujo. La mayor parte de los inmigrantes ilegales, aquí y en todo el mundo, lo que hacen es trabajar y, no por casualidad de forma asimismo irregular, por lo que además están mal pagados. Es una de sus «ventajas»: su irregularidad reduce su potencial reivindicativo y favorecen a una parte del empresariado poco escrupulosa que los utiliza y que bien puede votar a la señora Monasterio de Vox.

La hipocresía social permite mantener estos dos discursos. El discurso antiinmigración, que presenta a los inmigrantes como una especie de peligrosos parásitos sociales, y el discurso de la realidad, que indica que si hay migrantes irregulares en España es porque aquí encuentran trabajo, porque, en definitiva, se les necesita. Y la pregunta que surge de inmediato, aquí como en otros países, incluyendo sobre todo a Estados Unidos, es: ¿lo que se necesita es, precisamente,

> La mayor parte de los migrantes irregulares, aquí y en todo el mundo, lo que hacen es trabajar y, no por casualidad, de forma asimismo irregular, por lo que además están mal pagados. Es una de sus «ventajas».

que sean irregulares? Es decir, ¿que se les pueda pagar menos de lo legalmente establecido, que puedan trabajar más horas de lo considerado aceptable y que lo hayan de hacer en peores condiciones, aquellas que quizás los nacionales no aceptarían? ¿No es eso lo que pretendemos y exigimos de los inmigrantes a los que a la vez se denuesta con tanto ahínco y cinismo? ¿Son los que inventan los bulos los mismos que los explotan? Hay síntomas de que existe una relación directa entre ambos.

Ya sé que todo esto es enormemente polémico. Y precisamente porque lo es, resultaría necesario que fuéramos capaces de tener un debate serio, sin tópicos y, por favor, sin mentiras, que nos permitiera llegar a alguna conclusión eficaz sobre cómo nuestro país podría y debería actuar ante las pretensiones de migrantes de trabajar en España y a los que, al parecer, tanto necesitamos.

MI EXPERIENCIA AL FRENTE DEL AYUNTAMIENTO

Ha sido mi forma de entender la alcaldía. Se me podrán reprochar cosas, cómo no, pero he estado a pie de calle. He ido en metro y he estado en contacto con los problemas que se planteaban en la ciudad. Ello me ha permitido conocer en vivo y en directo algo más, también, sobre la inmigración irregular.

En una declaración que hice hace unos dos años, expliqué que probablemente Madrid necesitaba obreros de la construcción. Eso me habían trasmitido quienes alertaban de la insuficiencia de mano de obra cualificada en las obras. Me lo trasmitían cuando nos reuníamos. Yo tomaba nota y me lo tomaba en serio. Dije, por tanto, que quizá sería deseable que se pudiera contratar a migrantes irregulares ya instalados en España.

Los empresarios de la construcción de Madrid, a quienes reuní para pedir que aceleraran todas las obras del Ayuntamiento, se quejaron, esta vez de forma más oficial, de la escasez de obreros cualificados. Habían desaparecido, decían, en su mayoría prejubilados o propiamente jubilados, tras el pinchazo de la burbuja. Las empresas estaban entonces robándose unas a otras los que quedaban. No había suficientes para todos ante una demanda de obras de nuevo creciente.

Para mi sorpresa, cuando propuse que contrataran legalmente inmigrantes, me criticaron desde muchos y variados sectores. Los sindicatos decían que no era posible que no hubiera suficientes candidatos a obreros de la construcción «nacionales», ya que Madrid presentaba una alta cuota de paro. Vecinos de los barrios criticaron mis palabras porque alegaban que los inmigrantes aceptaban trabajar por unas condiciones económicas inaceptables. Todas esas manifestaciones formaban parte de una realidad poliédrica poco analizada, y en menor medida entendida.

La realidad que yo vi fue otra. La que viví, y la viví de cerca, es la que vi.

> Para mi sorpresa, cuando propuse que contrataran legalmente inmigrantes, me criticaron desde muchos y variados sectores.

Durante los cuatro años de mi mandato tuvimos cinco derrumbes de edificios. Tengo idea de que eran más de los habituales. Algunos de ellos, edificios en construcción, rehabilitados en parte. Otros, fueron derrumbes de edificios en uso.

En uno de los derrumbes estuve presente en las operaciones de los bomberos para el rescate de los albañiles que allí trabajaban. Se trataba de un edificio antiguo en rehabilitación. Parecía entonces que se requería cierta especialización en la mano de obra. Ninguno de los que trabajaban allí eran vecinos de la ciudad de Madrid, ni siquiera de la comunidad. Había inmigrantes del norte de África, subsaharianos y también albañiles de otras

provincias cercanas a Madrid, como Cuenca o Guadala-
jara. No sé si todos ellos estaban regularizados ni cuál era
su estatus. Supongo que el proceso al que dio lugar el
derrumbe sigue su largo periplo.

En otro derrumbe anterior, este de una finca en uso,
todos los vecinos que allí vivían resultaron ser migrantes
irregulares procedentes de Filipinas. Al derrumbarse la
fachada del edificio, surgieron de los escombros, como si
hubieran estado camuflados por aquella endeble cober-
tura. Estaban aterrados y sorprendidos. No hablaban español. Hablaban exclusivamente inglés y, por encima de
la dificultad del idioma, evidenciaban el aislamiento absoluto en que se encontraban. Querían pasar desaperci-
bidos por miedo a sufrir las consecuencias de su ilegali-
dad documental. Llevaban mucho tiempo en España, el
derrumbe les había «descubierto». Como se sabían irregulares, tenían muchísimo miedo a dar sus datos y a no
poder presentarse al trabajo al día siguiente; porque, evidentemente, eso sí tenían. Les explicamos que el Ayuntamiento estaba allí para ayudarles. Les ofrecimos llevar-
les a un hotel para que durmieran las dos primeras noches
en tanto se les buscaba el alojamiento adecuado. No podían comprender que alguien se preocupara por ellos.
A la mañana siguiente del suceso nos llamaron, muy preocupados, del hotel en el que les habíamos alojado. Nos

dijeron que ninguno de ellos quería desayunar porque no se podían creer que, efectivamente, el Ayuntamiento corriera con sus gastos.

Supongo que ante esos incidentes pueden darse opiniones distintas, incluso contrapuestas; estaría bien conocerlas y debatirlas.

ALGUNOS DATOS, DENTRO DE LOS POCOS QUE HAY

De nuevo, más datos. Sé que, como ya dije más arriba, cuando analizamos fenómenos irregulares no es posible tener seguridad en las cifras que manejamos y que hay que adoptar estas como inevitablemente aproximativas. Un estudio muy interesante de la Fundación Tomillo sobre el trabajo doméstico afirma que, en el año 2012, podía haber en toda España del orden de medio millón de mujeres trabajando en los servicios de hogar y de cuidados que no estaban dadas de alta en la Seguridad Social. Se las podría, por tanto, considerar como trabajadoras irregulares. ¿Cuántas de estas eran inmigrantes, y por lo tanto doblemente irregulares? Es de suponer que una mayoría.

En 2016 celebramos en el ayuntamiento de Madrid el primer Congreso sobre Empleo de Hogar y Cuidados, ese gran sector de servicios personales cuyo protagonismo emerge en la sociedad capitalista globalizada. Manejamos los datos de que, en aquel momento, en España había en torno a unos 700 000 trabajadores domésticos. De esos, el 90 % eran mujeres, y parece lógico estimar que al menos la mitad eran mujeres inmigrantes.

No tengo datos de las Kellys, que una vez más son noticia, con sus huelgas ante los misérrimos sueldos que perciben por un trabajo cada vez mayor e imprescindible en una sociedad que tiene el turismo como principal industria. No sé cuántas de las Kellys son o fueron migrantes irregulares. ¡Cómo se las maltrata ante su inestimable contribución al PIB del país! ¿Es que se puede asegurar que esos salarios, bochornosamente bajos, son imprescindibles para el mantenimiento del consolidado sector hotelero y del emergente de los pisos turísticos? ¿Seguimos con el cinismo?

Las cifras, con todas sus limitaciones, permiten adivinar que la mayor parte de migrantes irregulares trabajan. Mi percepción personal, desde mi posición de regidora de la ciudad de Madrid durante cuatro años, lo corrobora. Es más, todo parece indicar que su trabajo tiene un papel absolutamente imprescindible en el mantenimiento de nuestra economía. Si en algún momento fuera posible que se expulsara a los irregulares, tal y como reclaman los discursos antiinmigración, nuestra economía se resentiría, y mucho.

LOS «MENAS», CUESTIÓN APARTE PERO IMPORTANTE

Otra de las pretensiones que reivindica el discurso anti-inmigración es la expulsión de los MENAS (Menores extranjeros no acompañados) que llegan a nuestras fronteras. Según nuestra ley de Extranjería son las comunidades autónomas las que se han de encargar de la tutela y protección de esos menores.

> Si en algún momento fuera posible que se expulsara a los irregulares, tal y como reclaman los discursos antiinmigración, nuestra economía se resentiría.

Me gustaría trasladaros la idea de que los «Menas» son chicos y chicas como vosotros. Adolescentes y jóvenes como vosotros. Tenéis la suerte de haber nacido en un país con un gran desarrollo económico. Ellos no. Chicos y chicas de 11, 12, 13, 14, 15... que llegan a España solos, sin familia. En ocasiones, son las familias las que les piden que salgan de casa para buscar una alternativa; otras veces son ellos, por voluntad e iniciativa propia o huyendo de conflictos y guerras, los que deciden abandonar sus países.

En estos últimos veinte años, los menores africanos han vivido una plaga verdaderamente espantosa que les ha subyugado: los niños soldado.

> Los «Menas» son chicos y chicas como vosotros. Adolescentes y jóvenes como vosotros. Tenéis la suerte de haber nacido en un país con un gran desarrollo económico. Ellos no.

Los adolescentes africanos han vivido la terrible experiencia de la guerra, y no solo como una parte de la sociedad civil que sufre sus consecuencias. La han vivido en directo, han vivido la más amarga experiencia de convertirse ellos, adolescentes e incluso niños, en guerreros. Y más que eso, les han convertido en sádicos que no han recibido más enseñanza que la de matar o morir.

Pues bien, muchos de los menores no acompañados que están ahora mismo en España huyen de guerras en África. Guerras que han significado muchísimo más dolor que las guerras europeas, con su extensión a los menores. Se puede decir que la humanidad no había tenido la terrible experiencia de los niños soldado hasta este último cuarto de siglo.

La respuesta que hasta ahora han dado los gobiernos españoles a los colectivos de niños no acompañados es, por decirlo suavemente, muy mejorable. Representa, además, un gran desperdicio, pues estamos desaprovechando la fuerza potencial de una juventud que bien podría redirigirse a la contribución de la construcción de nuestro país. La decisión de ofrecer una tutela colectiva institucional, como la de la Comunidad de Madrid, no ha constituido sino una obligada respuesta burocrática. Internar sin más a los menores en instituciones cerradas no es, sin duda, el mejor sistema pedagógico.

Muchos de esos menores no acompañados han alcanzado una buena formación a pesar de esos marcos institucionales poco acertados. Muchos de ellos han contado con apoyo de ONG y fundaciones, que han cubierto las deficiencias de la Administración. Por ejemplo, la fundación Raíces, a través de su programa Cocina Conciencia, ha formado ya buenos jóvenes cocineros entre los cuales hay varios que proceden de los «Menas». Como Raíces, hay otras asociaciones del mismo perfil que también tienen resultados extraordinarios.

> La respuesta que hasta ahora han dado los gobiernos españoles a los colectivos de niños no acompañados es, por decirlo suavemente, muy mejorable.

En cambio, hay que reconocer que en muchos casos, no sé si en la mayoría, el sistema institucional ha sido un fracaso. En los barrios del entorno de los hogares de inserción que tienen las comunidades autónomas se multiplican las quejas ante la delincuencia de esos menores poco controlados y encauzados.

Vivimos esa experiencia en Madrid con el centro de acogida de Hortaleza. Los vecinos del barrio se quejaban. Había muchachos procedentes del centro de acogida en los parques próximos, atiborrados de pegamento, cometiendo pequeños delitos y, sobre todo, asustando a los vecinos.

Yo misma, antes de ser alcaldesa, tuve un buen susto con uno de ellos que, al parecer, procedía de otro centro, el de Arturo Soria. Llegué a casa a la hora de comer. Parecía que no había nadie, como era lo habitual a esas horas. De pronto, le vi bajar por la escalera. Bajaba despacio, temeroso al verme. Intentó darme alguna absurda justificación, como que venía a cortar el césped, cosa que evidentemente nadie le había encargado. Después de algunos pasos vacilantes, saltó al jardín por la ventana abierta y, desde allí, a la calle, trepando a su vez por encima de una puerta de casi dos metros con una agilidad felina o de gacela. No sé lo que hubiera podido hacer o sustraer si yo no hubiera entrado en la casa. Parecía que hubiera entrado, ante todo, como un reto, como demostración ante sí mismo y ante sus compañeros de su coraje y habilidad… ¡Qué capacidades tan mal aprovechadas!

Se escapan constantemente de los centros de acogida. ¿Qué hacen en estos centros? Además de darles cama y comida, que no es poco, ¿cómo se pretende que encaucen su vida en España? Cabe preguntarse si alguien se lo ha planteado.

Alguna de las organizaciones que se preocupan por ellos nos comentó que los muchachos se quejaban de que en el centro de acogida de Hortaleza les pegaban. Los ayuntamientos no tienen competencias en esa materia. Entiendo que es un error, pero es así. No obstante, son precisamente los ayuntamientos los que están más cercanos a ese y otros problemas. En todo caso, como nosotros entonces, desde el Ayuntamiento no podíamos solucionar ni atenuar el problema, propusimos llegar a un acuerdo con la Comunidad de Madrid y lo conseguimos. Un acuerdo para que nos permitieran introducir en ese centro de acogida a mediadores bien formados en el contacto con adolescentes con problemas. Seguramente algo mejoró la situación, aunque reconozco que los informes que recibíamos semanalmente del personal contratado por el Ayuntamiento eran muy desalentadores. Había una mayoría de muchachos y muchachas que se comportaban correctamente, pero existía también una minoría enormemente agresiva, constantemente drogada con pegamento, que rechazaba con una gran violencia todo tipo de normas o indicaciones. Todo intento de imponerlas tendía a acabar al final en un intercambio de golpes entre algunos de los responsables de la seguridad del centro y los propios internos.

Cuento esta experiencia con el cierto desencanto que me produce. Corregir lo que mal ha comenzado resulta muy difícil. Jóvenes con un pasado seguramente ya violento en sus países de origen, vistos siempre con desconfianza al llegar aquí y maltratados desde posiciones autoritarias, tienen difícil solución, y la solución no puede ser expulsarles, salvo que, tras esa ausencia de encauzamiento, se conviertan ya literalmente en delincuentes. Esa creo que es la conclusión.

Expulsarlos para devolverlos a sus países de origen no es solucionar el problema, sino apartarlo. Además de lo que significa desaprovechar esa fuerza potencial que encierran, su expulsión encuentra las mismas y algunas veces mayores, dificultades objetivas que tiene la de los adultos. Esta se complica ante la imposibilidad de reconocerles capacidad de acción ilegal alguna, dada su minoría de edad. Pero además, y esto es esencial, su devolución no es conforme con los convenios internacionales de los derechos humanos. Estos nos obligan a proteger por encima de todo a la infancia y la juventud. Nuestra sociedad tiene que plantearse que esta es una contribución necesaria al desarrollo del mundo. Una aportación que hay que tomarse como una cooperación internacional que al final va a ser también beneficiosa para nuestro país

> Expulsarlos para devolverlos a sus países de origen no es solucionar el problema, sino apartarlo. Además de lo que significa desaprovechar esa fuerza potencial que encierran, su expulsión encuentra las mismas —y algunas veces mayores—, dificultades objetivas que tiene la de los adultos.

si sabemos hacerlo bien y sabemos rentabilizar la energía de su juventud y diversidad.

Se necesita que estos jóvenes y adolescentes sin familia la tengan. Es necesario buscar centros de acogida familiar y a su vez resulta imprescindible crear centros de formación pensados específicamente para este tipo de adolescentes y jóvenes que llegan a nuestros países con duras cicatrices de sufrimiento y desatención.

Expulsarlos no solo constituiría una vulneración del compromiso humanitario a que nos obliga la DUDH, también sería un gran error. Significaría desaprovechar las oportunidades que ofrecen con su arrojo y talento en bruto.

Preocupados por lo que los «Menas» significan, propusimos a los grandes equipos de fútbol madrileños que se creara una gran escuela, pensada fundamentalmente para ellos —aunque no exclusivamente para ellos—, de iniciación a los deportes más valorados, que a su vez proporcionara a esos alumnos (deportivos) la educación obligatoria.

Teníamos el sitio y las instalaciones para esa escuela. Una finca rural espléndida, propiedad del Ayuntamiento de Madrid, que había servido para acoger campamentos de verano y que, desde el año 2005, estaba cerrada y sin uso. ¡Hasta una colmena de abejas se había instalado en el espacioso comedor! La arreglamos, la preparamos para que pudiera servir de acogida para el proyecto.

No fue posible. Autoridades del Ayuntamiento vecino en el que estaba ubicada la finca se negaron a ello. Argumentaron pretextos burocráticos para encubrir su negativa. La verdadera razón no se esgrimía en público. En conversaciones privadas, esas mismas autoridades reconocían, sin complejo alguno, que no querían que hubiera negros en su demarcación. Cuentan —no sé si es cierto pero sí me parece posible— que, algunas personas de ese Ayuntamiento, con cordura, pretendieron romper esa intransigencia, recordando que la finca en cuestión estaba alejada del centro urbano, del que le separaba una autopista. Eso, argumentaban, reducía el peligro de «contaminación» que se pretendía evitar. Dicen que entonces uno de los representantes más intransigentes de ese conjunto de autoridades municipales dijo algo así como: «¡Si estos se han saltado el Estrecho de Gibraltar, cómo no se van a saltar la autopista!».

La posibilidad de integrar a estos jóvenes y adolescentes, tan valientes como maltratados por las condiciones de vida en las que han tenido que crecer, es una alternativa que el país, tan falto de población joven, debería considerar. Contribuir a esa integración podría ser, además, una tarea no solo de solidaridad, sino extraordinariamente formativa para vosotros los jóvenes que, os recuerdo, sois como ellos.

¿Por qué no buscarlos? Podríais llegar a ser compañeros o incluso amigos. Quién sabe, actividades conjuntas, equipos deportivos inclusivos o cualquier otra forma de conoceros y relacionaros.

Todos sentimos ternura cuando vemos el cadáver de un niño en la orilla de una playa, o cuando vemos las imágenes de los cadáveres de adolescentes y jóvenes que expulsa el mar, que se ven obligados a jugarse

La posibilidad de integrar a estos jóvenes y adolescentes, tan valientes como maltratados por las condiciones de vida en las que han tenido que crecer, es una alternativa que el país, tan falto de población joven, debería considerar.

la vida porque no pueden soportar lo que la suerte o la desgracia les ha destinado.

Tenemos una obligación humana: ayudarles. Insisto, esta es una tarea de cooperación y creo que es difícil discutir que los países más ricos no tengamos la obligación de ayudar y cooperar con aquellos que están en un nivel económico muy por debajo del nuestro.

Sé que cuando se hacen estas propuestas y se plantean estos argumentos, siempre hay alguien que responde con agresividad y simpleza, con frases del tipo: «Si tanto te importan esos muchachos emigrantes, llévatelos a tu casa». Me lo han dicho muchas veces. Es una frase repetida. Es como el santo y seña de todos los discursos anti-inmigración.

Del 2003 al 2009 fui presidenta-relatora del grupo de trabajo sobre la Detención Arbitraria de la ONU. Con ese cometido tuve que visitar muchas prisiones en diferentes países del mundo. En algunos lugares había personas presas durante tiempo indefinido por el mero hecho de haber entrado en los países de forma ilegal. Ante esa situación, presentamos las correspondientes quejas a los gobiernos de turno. Los periódicos reaccionarios nos criticaron enérgicamente, repitiendo la consabida frase: «Llévenselos ustedes a su casa».

«Sí, no hay problema. Sí, los queremos llevar a nuestra casa», les deberíamos contestar. Nos los llevamos a nuestra casa porque, al fin y al cabo, nuestra casa es nuestro país, nuestra patria. Pagamos impuestos para que nuestro país cumpla con los derechos humanos y mantenga la cooperación internacional a la que moralmente estamos obligados y a la que nos hemos comprometido, como país, en los convenios que hemos firmado. Esto no es, como dicen algunos, un «buenismo utópico e irreal». Significa, nada más y nada menos, aceptar que los derechos humanos representan esa conquista del humanismo a la que ningún país puede renunciar.

La emigración tiene que ser segura, ordenada y

> «Sí, no hay problema. Sí, los queremos llevar a nuestra casa», les deberíamos contestar. Nos los llevamos a nuestra casa porque, al fin y al cabo, nuestra casa es nuestro país, nuestra patria.

regular. Lo repito de nuevo. Así se estableció en Marra-kech y así tiene que ser. Para ello es imprescindible que haya políticas que permitan debates desde todos los intereses y puntos de vista, pero también, insisto, sin mentiras, sin tópicos, sin racismo, sin aporofobia.

Además, y volviendo a esto de llevarnos a casa a estos jóvenes y adolescentes sin familia, tengo que deciros algo: Tengo una amiga, Carmen, que sí se los ha llevado a su casa. Su familia se ha incrementado con dos jóvenes subsaharianos, de esos que atraviesan el Estrecho en pateras. Y me cuenta mi amiga Carmen que estos dos jóvenes, a los que podríamos llamar Mohamed y Alí, no celebran sus cumpleaños el día en que nacieron, sino en la fecha en que llegaron a España.

YO NO CREO, PERO SÍ OS CREO

*Revisando escritos sobre
lo que yo pensaba*

Hace poco encontré en casa de mi hermana unos cuadernos que escribí cuando tenía en torno a diecinueve años. Me sorprendieron la de cosas que decían. Por ejemplo:

En sexto de bachiller ya he empezado a tener contacto con la Filosofía, cosa que me gusta muchísimo. Somos pocas en clase y nos gusta discutir. Como todas tenemos una concepción religiosa de la vida, intentamos conciliar religión y filosofía. Todo entra en nuestros debates: la eternidad y el concepto del tiempo, Jesucristo y la bondad divina, etc.

Pero el otro día, cuando estábamos discutiendo, muy animadas, una compañera muy escrupulosa me dijo que debía terminar con esas discusiones porque el intento de explicarlo todo racionalmente me podría hacer perder la fe. Aquello me impactó. Le contesté que yo creía estar obligada a buscar la verdad con inteligencia, pero que en el caso de que fuera como ella me decía, que precisamente la verdad me apartara de Dios —cosa que yo creía en aquel momento improbable— renunciaría a la verdad y a la razón.

Poco tiempo después, recogía este mismo cuaderno el desenlace de aquella lucha:

Esto ha tenido un desenlace diferente al que yo creía entre fe y razón, porque ya sé que precisamente lo que nunca podré abandonar es la razón, aunque con ella me vea obligada a traicionar la fe.

Sí, ese pequeño berenjenal formaba parte del desgarrado cuestionamiento que la vida imponía a todo ese conjunto de creencias religiosas en torno a las que había crecido.

Fui a un colegio de monjas, a pesar de que mi familia no era religiosa. Supongo que, en aquellos años, a principios de los cincuenta, mi padre fue consciente de que el ambiente que se vivía entonces en España aconsejaba que sus hijas tuvieran una formación religiosa.

Lo viví como una gran contradicción, pues todo lo que veía en el colegio no tenía refrendo en mi familia. Mis padres no iban a misa y no estaban especialmente preocupados por todo el montón de cuestiones que, sin embargo, formaban parte del proyecto moral en el que estaban empeñadas las religiosas de mi colegio. Estas, aunque de origen francés, no por eso eran menos seguidoras de la moral católica que se impuso por decreto durante toda la dictadura de Franco.

MIS PEQUEÑOS DILEMAS

Mi madre, una gran lectora, tenía una pequeña estantería con novelas: Armando Palacio Valdés, Gregorio Martínez Sierra, Benito Pérez Galdós, Alberto Insúa y otros muchos más autores. Veía con gusto que yo leyera y, en cuanto acababa una novela, enseguida le gustaba recomendarme otra.

Comenzaba a convertirme en una lectora empedernida. Sin embargo, estaba preocupada por las orientaciones que recibía de quien entonces era en el colegio nuestro «padre espiritual», un sacerdote que nos confesaba y que nos alertaba constantemente del peligro de los libros prohibidos. Este padre cuestionaba a muchísimos de esos autores. Sus aseveraciones me hicieron leerme de un tirón todo José María de Pereda, considerado un auténtico escritor católico, intachable desde el punto de vista de aquel padre, pero cuyos libros, la verdad, tenían unas interminables y aburridas descripciones de la montaña santanderina.

El número de lo que entonces se consideraba «libros prohibidos» era enorme. Hoy en día a veces se olvida que, durante la dictadura de Franco, entre otras grandes aberraciones, se llevó a cabo una enorme depuración no solamente de las personas, sino también de los libros, considerados por algunos «hijos de Caín». La historiadora Ana Martínez Ros, en su artículo «No solo hubo censura: la destrucción y depuración de libros en España (1936 a 1948)» nos da cuenta de la furia pirómana que se desató contra todos los libros en general y en especial contra los anatemizados por la Iglesia católica. Nos cuenta, por ejemplo, que en las primeras semanas tras la entrada de las tropas de Franco en Barcelona se quemaron más de 72 toneladas de libros.

Mi madre me había regalado el clásico de Alexandre Dumas, *Los tres mosqueteros,* en una edición que se puso de moda en los años cincuenta. Formaba parte de la Enciclopedia Pulga y eran ediciones muy manejables de libros muy pequeños y baratos, con una letra, eso sí, muy pequeñita. No sé cómo lo comenté en el colegio y ese padre espiritual me dijo que era un libro prohibido y que tenía que deshacerme de él inmediatamente. Vamos, que tenía que quemarlo.

Aquello fue un enorme problema para mí. Me estaba gustando mucho el

> A veces se olvida que, durante la dictadura de Franco, entre otras grandes aberraciones, se llevó a cabo una enorme depuración no solamente de las personas sino también de los libros

libro y me apetecía saber cómo acababa. Además, esa pirómana orden evidenciaba la gran divergencia entre lo que era importante en el colegio y lo que era importante en mi casa.

Sabía que mi madre me lo había comprado con mucho cariño y si se enteraba de que lo tenía que quemar se sentiría muy disgustada. Sin embargo, la presión que yo tenía de vivir conforme a la religión me obligaba en esto, como en otras muchas cosas, a llevar una cierta doble vida.

Afortunadamente, vivíamos en un piso que no tenía calefacción central sino solo individual, y teníamos una caldera de carbón con una puertecita para alimentarla lo suficientemente grande como para poder introducir por ella aquella edición de *Los tres mosqueteros*. Allí terminó el libro pulga.

Quizá por esa compleja confrontación, recé muchísimo en mi niñez y mi adolescencia para que mis padres se convirtieran. Estuve muy motivada a vivir con lo que me parecía que eran los ideales cristianos. No me sentí nunca atraída por la vida religiosa como tal, sino por una vida seglar y absolutamente secular, pero enfocada por el espíritu cristiano.

No sé cómo, en aquellas fechas, llegó a mi mano un libro de la editorial Taurus sobre la vida seglar que había escrito nada menos que quien fue un personaje femenino excepcional a principios del siglo xx y que tenía una gran aureola de reconocimiento social: la gran campeona de tenis, periodista y escritora Lilí Álvarez*. No había que ser religiosa para hacer algo por la humanidad. Ganar en algo y ser reconocida podía ayudar.

Desde muy pronto, mi manera de vivir el espíritu religioso tuvo mucho que ver con la idea de acabar con la pobreza, con la de luchar contra la desigualdad. También en ese mismo cuaderno en el que he encontrado esas reflexiones entre la razón y la fe, encontré otros escritos. Eran sobre la necesidad de conseguir la igualdad entre todos los seres humanos e intentar garantizar que todos tuvieran las mismas oportunidades.

Sí, creo que en mi caso ocurrió lo mismo que ocurre en el de otros muchos jóvenes. La maduración intelectual diluía la estructura de una vida entendida como apéndice de lo sobrenatural.

> Desde muy pronto, mi manera de vivir el espíritu religioso tuvo mucho que ver con la idea de acabar con la pobreza, con la de luchar contra la desigualdad.

* *En tierra extraña*, Lilí Álvarez (Taurus).

Quizás lo más determinante de mi desapego religioso se produjo cuando, de una manera clara, me di cuenta de que eso que yo creía que era una constante conversación con Dios, y que en parte yo reflejaba en mi cuaderno, no era sino un diálogo conmigo misma. A través de la conciencia y de manera definitiva, casi sin darme cuenta de esa conclusión, asumí que yo nunca había hablado con Dios. Simplemente, y eso sí, mucho, hablaba conmigo misma. Era un diálogo de la conciencia, en definitiva, un diálogo de lo racional.

EL RESPETO COMO CREENCIA

Sin duda, ahora me identifico a mí misma como una persona «no creyente». Esta manera de definición negativa, parece que es la que resulta más asumible en el marco de la vida social y, sobre todo, es mucho más aceptable en sociedades cuya vinculación al sentimiento religioso es más intensa de la que podemos tener en España y en Europa.

Cuando he vivido en latinoamérica, y he tenido que viajar allí, he comprobado la sorpresa que causa que alguien se declare ateo. El término «ateo» quizás fuera más correcto para definir a quienes no creemos que exista un dios como un ente de poder sobre toda la naturaleza.

Sin embargo, por respeto y facilidad de relación con los creyentes, para los que parece ofensivo, podemos limitarnos a esta más aséptica denominación de «no creyente».

Una vez ha quedado claro esto, me parece igualmente importante compartir con vosotros, los jóvenes, hasta qué punto, y no siendo creyente, me siento enormemente implicada y motivada para defender, con toda mi energía, a aquellos que sí son creyentes.

Desgraciadamente creo que, por toda una serie de razones que recojo en otro capítulo de este libro, la Iglesia católica fue un obstáculo trascendente en contra de la consolidación de la democracia en nuestro país y también en el mundo.

A lo largo de los siglos XIX y XX la Iglesia católica condenó con saña la democracia y el desarrollo de nuevas ideas. Quizá por eso, y sin que nunca haya justificación para la violencia, fue víctima de represalias durante la Segunda República y durante la Guerra Civil. Apoyó entonces también sin ninguna duda el levantamiento militar

> Y no siendo creyente, me siento enormemente implicada y motivada para defender, con toda mi energía, a aquellos que sí son creyentes.

contra la República en 1936, tildándolo de «cruzada», y después no solo apoyó, sino que acompañó, nutriéndola de retrógrados planteamientos, la dictadura del general Franco.

Este posicionamiento histórico de la Iglesia, oponiéndose desde un primer momento a los principios esenciales del humanismo democrático, resulta contradictorio en esencia con la base del humanismo moderno, que se nutrió paradójicamente del humanismo cristiano. En todo caso, en España generó a su vez un terrible y durísimo anticlericalismo.

Releyendo nuestra historia es fácil comprobar que, cada vez que parecía avanzarse hacia el reconocimiento de las libertades esenciales —el sufragio universal, la libertad de asociación, la libertad de culto, la libertad de expresión…— hubo resistencia, cuando no rechazo frontal, por parte de la Iglesia católica.

Quizá por eso tuvo un gran mérito el hecho de que, en nuestra Transición, los padres de la Constitución de 1978 supieran tener la prudencia necesaria para conseguir una constitución democrática, sin levantar de nuevo la confrontación, no solamente con la Iglesia católica como tal, sino con el sentimiento religioso. Algunos argumentan que se le hizo demasiadas concesiones. Quizá resultó inevitable.

Aun así, con esta Constitución, y aunque parezca difícil de entender, muchas personas profundamente religiosas, especialmente católicas, se siguen sintiendo amenazadas por los meros avances de la secularización objetiva. Es, sin duda, un temor injusto e inmotivado, pero desgraciadamente todos sabemos que muchos de esos temores —no solo los personales, sino quizá aún más los sociales— no son racionales, sino emotivos. A pesar de su complejidad, el mundo de las emociones tiene una trascendencia social incalculable. Lejos de ser superada por la racionalidad, se manifiesta en mayor medida en nuestras sociedades actuales.

Tras ser elegida alcaldesa seguí andando por las calles de Madrid. Poco después de la elección, paseaba por la calle Velázquez, en pleno centro del barrio de Salamanca, y sucedió algo que me sorprendió tanto que lo sigo recordando. Unas personas me pararon. Me mostraron la simpatía que sentían por mí como persona, pero a la vez la gran preocupación que tenían de que yo fuera, nada menos, que a impedirles el ejercicio de su religión. Me preguntaron, con auténtica angustia: «¿Vas a cerrar las iglesias?». Nunca pensé que alguien me pudiera hacer tamaña pregunta.

Como se dice en tantas entrevistas, pero esta vez con verdadera sinceridad y emoción, les pude contestar que

Me preguntaron, con auténtica angustia: «¿Vas a cerrar las iglesias?». Nunca pensé que alguien me pudiera hacer tamaña pregunta. les agradecía la pregunta. Me daba pie no solo a contestar de forma tajante que no debían tener el más mínimo temor, sino a advertirme a mí misma de la confusión que podían generar las ideas que corrían por la ciudad respecto a las intenciones que algunos atribuían al nuevo Ayuntamiento que yo presidía.

Ni que decir tiene que esa absurda pregunta había venido provocada por las campañas que, desde la derecha, se habían venido haciendo para representar al partido de Podemos como una especie de anticristo. A pesar de que aquello era una burda mentira, la acusación o incluso el lamento de que mi gobierno municipal impedía el ejercicio del sentimiento religioso siguió apareciendo de tanto en tanto. Estuvo presente en el marco de una oposición política que recurría a la mentira en demasiadas ocasiones, y además de forma consciente e intencionada.

Me pareció que las señoras que me lo preguntaron lo decían sintiéndolo y dando, desgraciadamente, pábulo a las mentiras. Sin embargo, me consta, como acabo de decir, que el temor a que se limitara el ejercicio de la religión era provocado y solo buscaba réditos políticos.

Dicho esto, lo que más me hizo reflexionar y me sigue llevando a hacerlo ahora es que personas sin afectación política concreta, pero con fuertes sentimientos religiosos pudieran sentirse enormemente ofendidas por algunas actuaciones del Ayuntamiento. La propaganda ya sabemos que puede hacer estragos.

Sonado fue el caso de la primera cabalgata de Reyes. Estas cabalgatas se han convertido en una manifestación social que rebasa lo estrictamente religioso —fiesta, carrozas, regalos— y que en España supera a Papá Noel. Sin embargo, pese a esa socialización y trivialización, el origen religioso requiere mantener un cierto nivel, sobre todo estético, que aquella primera cabalgata no tenía. Los trajes de los reyes, buscando quizás su secularización, eran muy feos. No respondían a las expectativas. Rompían con la tradición, pero no lo hacían con una innovación acorde a la reconocida trascendencia urbana, más allá de la misma religiosa. Por todo eso, las críticas a la cabalgata se desorbitaron de forma tan exagerada como interesada, como un atentado a los sentimientos religiosos.

En los años siguientes superamos el mal comienzo con gran éxito general más allá de esos sentimientos, pero también con reconocido agrado por parte de los creyentes. No había razón alguna para enfrentar sentimientos.

¡Qué decir también de la cuestión de los belenes! La mera decisión de sustituir una iluminación que representaba al misterio navideño instalada en la Puerta de Alcalá generó un movimiento de protesta por parte de asociaciones católicas que sin duda fue alentado por las derechas políticas. Provocó incomprensión y molestia en personas concretas, con fuertes sentimientos religiosos.

Recuerdo muy bien cómo unas chicas jóvenes, en el metro y de una manera cálida y amable, me abordaron para decirme que no entendían por qué había quitado ese luminoso. Les explique que la decisión de suprimir la iluminación solamente se debía a razones estéticas. Las luces de Navidad son hoy algo importante en nuestras ciudades. Acompañan a la gran fiesta de la Navidad, a los ciudadanos les gustan y son, sin duda, un elemento trascendente para el turismo y el comercio. Precisamente por eso, en estos cuatro años he intentado que las mismas tuvieran una calidad estética excelente. Nunca me gustó aquel luminoso del misterio de Navidad en la Puerta de Alcalá. Me pareció que no estaba a la altura de las exigencias estéticas de la capital de España y, por eso y nada más que por eso, decidí que no se pusiera.

No había absolutamente ninguna razón ideológica, simplemente era estética. Aquella iluminación no era bella, era simplona y, desde mi punto de vista, de gusto discutible. Pero no pude evitar que, otra vez, se interpretara como una agresión. Los partidos de derechas lo publicitaron como una lesión al sentimiento religioso y pidieron que aquellos ciudadanos que se sintieran ofendidos por la desaparición del luminoso instalaran en el suelo de la propia Puerta de Alcalá iconos religiosos relacionados con el belén navideño. Entonces pedí que no se retiraran y que se dejaran tal y como iban llegando. Era importante intentar trasladarles a aquellas personas, sin duda manipuladas aunque pudieran creer que sus sentimientos habían sido lesionados, el mensaje de que podían acudir a la plaza y poner allí lo que deseasen.

Ese mensaje de respeto y tolerancia que intentaba trasmitirles al permitir su protesta valió para poco o para nada. No lo vieron como un reconocimiento a su sentimiento religioso. Todo lo contrario. Aquello se utilizó como un elemento más para espolear la confrontación política y, lo que es peor, convirtió los jardincillos que rodean la Puerta de Alcalá en un desordenado y feísimo batiburrillo.

Por eso, y aprovechando la conmemoración de los cuatrocientos años de la creación del Museo del Prado, las Navidades pasadas instalamos en la propia Puerta de Alcalá bellísimas reproducciones de escenas navideñas de las que se encuentran en el Museo.

ACOMPAÑAR A LOS QUE CREEN DESDE LA SINCERIDAD

Algo parecido, pero a la inversa, me sucedió cuando decidí participar en los actos de celebración religiosa que formaban parte de las tradiciones municipales. Amigos con un profundo sentido de la importancia de introducir en nuestra vida pública una absoluta secularización no lo comprendían. «¿Cómo es posible —me decían— que siendo tú una persona no creyente sigas participando como alcaldesa en la misa en honor a la patrona de Madrid, la Virgen de la Almudena?».

Les explicaba entonces que las tradiciones de las ciudades están entroncadas en su historia y que, desde luego, la historia de nuestro país, como la de todos, tiene, evidentemente, connotaciones religiosas. Aunque es cierto que muchas veces de lo religioso apenas queda nada y lo que permanece es cada vez más lo folclórico, muchas personas se siguen identificando con el propio contenido místico, de fondo religioso. Y ahí vienen los problemas o, mejor dicho, ahí viene la necesidad de tener una sensibilidad muy fina y ser consciente, como he tratado de hacer, de que una alcaldesa representa a todos sus ciudadanos, con su diversidad. Es necesario no herir a nadie y a su vez no mentir ni aparentar una identificación con un culto en el que no creemos.

La Iglesia y los creyentes deseaban que el alcalde, en este caso la alcaldesa, estuviera en esa fiesta religiosa, deseaban que estuviera en un acto religioso. Lo primero que yo me planteaba era si el hecho de ir no pudiera ser interpretado como una falta de respeto hacia ellos. Les preguntaba: «¿Deseáis verdaderamente que esté con vosotros en este acto de vuestro culto, aunque sabéis bien que yo no soy creyente?» La respuesta era que sí. Así lo querían.

He tenido la enorme suerte de tener una gran amistad con quien hoy desempeña la responsabilidad de ser el cardenal y obispo de Madrid. El cardenal Osoro es un auténtico humanista, tolerante y abierto, y ejemplo de las personas tan profundamente religiosas como demócratas. No es un decir; el cardenal me pidió que asistiera y me lo ha agradecido cada vez que lo he hecho.

> Ahí viene la necesidad de tener una sensibilidad muy fina y ser consciente, como he tratado de hacer, de que una alcaldesa representa a todos sus ciudadanos, con su diversidad. Es necesario no herir a nadie y a su vez no mentir ni aparentar

Estaba presente en los actos. No participaba de una forma activa en el mismo; es decir, yo no rezaba. No rezo. No lo hago. Sin embargo estaba allí y me sentía a gusto ofreciendo a los creyentes mi presencia como una manera de reforzar la importancia de su sentimiento religioso. Esto no es fácil. Ayuda, sin embargo, que se comprenda y se acepte nuestra presencia.

Por eso, resulta muy importante escuchar y reconocer en las homilías y los ritos una llamada a la concurrencia de los no creyentes. Ocurre cada vez más en los funerales religiosos a los que asistimos todos sin diferencia en recuerdo de los fallecidos, gente que queremos por encima de creencias. Quizá estribe en esa doble aceptación la manera de encontrar caminos de identidad entre el sentimiento religioso y la esencia de la fraternidad y solidaridad laica.

Sí, sé que esto es muy complicado, pero probablemente también muy interesante para superar brechas y rupturas entre las gentes de buena voluntad. Creo que ha llegado el momento en el que los progresistas —como me permito llamar a una izquierda amplia y diversa— resuelvan de una vez por todas los malos entendidos con respecto al sentimiento religioso.

UNAMOS ESFUERZOS EN LO COMÚN

Empiezo por reconocer que he conocido a lo largo de toda mi vida a personas profundamente creyentes, católicas o de otras religiones; maravillosas, auténticos humanistas empeñados en dedicar su vida a mejorar la de todos los demás.

Es verdad que la izquierda ideológica, de la mano del marxismo, criticó el sentimiento religioso como aquello que impedía el proceso de la conciencia de clase. Y es verdad que esa concepción negativa de la religión se fundió en la famosa frase: «La religión es el opio del pueblo».

Ha llovido mucho desde entonces y en esto, como en tantas otras cosas, es imprescindible asumir ideológicamente la crítica de no haber sabido, desde la izquierda, reconocer la importancia del sentimiento religioso para algunas personas. Debemos asumirlo e interiorizarlo para que la derecha deje de convertirlo en un contenido ideológico propio y excluyente.

> Es imprescindible asumir ideológicamente la crítica de no haber sabido desde la izquierda reconocer la importancia del sentimiento religioso para algunas personas.

Abordar el tema concreto de las relaciones institucionales entre unos y otros credos no es el problema esencial. El problema esencial es ser conscientes de la enorme carga sentimental que implica el sentimiento religioso y la importancia de evitar que el mismo vuelva a ser, como lo fue durante tanto tiempo, un elemento definitivo de confrontación y de batalla ideológica.

Hacer posible que aquellas personas que tienen un profundo sentimiento religioso puedan sentirse cómodas y dichosas en una sociedad secularizada, que, forzosamente no puede ser confesional, es un objetivo importante.

Como tantos otros, nos obliga, sobre todo, a ser extraordinariamente cuidadosos, prudentes e inteligentes para evitar que surjan enfrentamientos donde no tiene por qué haberlos. Creo que el papa Francisco —por el que siento un profundo afecto y me consta que, más allá de mis tareas institucionales como alcaldesa, él también me corresponde en ese afecto— está haciendo una gran labor en este sentido.

> Hacer posible que aquellas personas que tienen un profundo sentimiento religioso puedan sentirse cómodas y dichosas en una sociedad secularizada, que forzosamente no puede ser confesional, es un objetivo importante.

Respetar el sentimiento religioso, conscientes de su importancia, pero a su vez exigir el profundo respeto para quienes solamente creemos en el ser humano con todo lo que eso significa. Esos son, ambos y en reciprocidad, objetivos ineludibles. Hay que dejar claro que si creyentes y no creyentes estamos empeñados en coincidir para fomentar la solidaridad como valor esencial del progreso humano, tenemos que encontrarnos en ese camino, sea cual sea la dimensión última, sobrenatural o no, que hayamos decidido elegir.

LA PATRIA

■

¡Seguro? ¡Todo?

Es 12 de octubre de 2017. Es el día del Pilar, que se llamó, y alguno sigue llamando, «de la raza» y nada menos que «de la Hispanidad». Cuántas cosas juntas, todas ellas vinculadas a epopeyas bélicas, a conquistas, a nuestro perdido imperio que algunos siguen, aún hoy, nostálgicamente recordando.

Pero se supone que es un día de celebración. Se celebra también el día de las Fuerzas Armadas. ¿Casualidad? No. El ejército siempre se vincula a esas gestas en las que hay, inevitablemente, caídos, que lo son por la patria. Confuso pero arraigado concepto que se pone de relevancia en este día «patriótico».

Como alcaldesa de Madrid debo estar presente en el desfile que organiza el Ministerio del Ejército. El protocolo me obliga como anfitriona, ya que el desfile se hace en mi ciudad, a recibir a las autoridades antes de que este comience.

Es algo bonito que el alcalde, o la alcaldesa en este caso, en representación de la ciudad de Madrid reciba a las autoridades que van a desfilar a lo largo de sus calles.

Estoy en medio del Paseo de la Castellana. Aún está vacío. Una enorme cinta negra de asfalto que se extiende hacia el horizonte va a servir de espacio de la celebración. Ansiosa y expectante, la multitud se agolpa ya a los lados. Muchos dirían, con razón, que sienten lo que se llama «fervor patriótico». Las banderas parecen manifestarlo. Los murmullos y algún grito lo refuerzan.

He sido la primera en llegar, debo recibir a los demás. Pronto, me acompaña la Presidenta de la Comunidad de Madrid. Llega después el ministro del Ejército y algún militar de alto rango. También por fin aparece el presidente del Gobierno. Le saludo amablemente. Tenemos todos que esperar al Rey; de algo tenemos que hablar. Aunque la conversación es puramente formal y superficial, flota en ella la bruma de lo acontecido en Cataluña. Tan solo hace unos días, el 1 de octubre, se ha producido el referéndum ilegal impulsado desde la Generalitat.

Se puede palpar una enaltecida afirmación de la unidad de España, de la nacionalidad española. La bandera, nuestra bandera española, está más que presente. Es, se supone, nuestra máxima expresión patriótica. La bandera está en los rostros y hasta en el bolsito de mano que lleva Cristina Cifuentes, la Presidenta de la Comunidad, hecho con la propia bandera de España. Cuando nos sentamos en las tribunas, en las que cada uno de los asistentes tenemos nuestro sitio, nos encontramos en la silla con una bandera de España pequeña, manual, diría yo. Eso sí, en un mundo global, las banderas de mano son «Made in China».

Comienza el acto. Antes de desfilar se iza la gran bandera y el Rey, en nombre de todos, hace el ritual homenaje a los caídos. Ensalzar a las Fuerzas Armadas implica siempre valorar su sacrificio. Antes, se llegó a decir «por Dios y por España». Ahora, en el estado aconfesional en el que estamos, se dice solo «por España», «por la patria».

> Nos encontramos en la silla con una bandera de España pequeña, manual, diría yo. Eso sí, en un mundo global, las banderas de mano son «Made in China».

Desgraciadamente, la patria siempre va ligada a los muertos. «Por la patria» no se obtienen premios Nobel ni «la roja» gana grandes torneos deportivos, aunque pudiera decirse que se celebran con fervor patriótico. Son actos demasiado festivos para algo tan solemne como parece ser hacer una cosa «por la patria».

Oigo el discurso que, de forma estereotipada, pronuncia la voz en *off*, impersonal, que por el altavoz conduce el acto. Se exalta, cómo no, la muerte de los soldados que cayeron por la patria. Ahora, con un ejército profesional, se podría decir que se trata de un «accidente laboral», un riesgo laboral de su profesión. Antes, con un ejército de obligados reclutas, era distinto. Pero no se distingue.

Miro de soslayo a los que me rodean. Quisiera descu-
brir en ellos la emoción del momento. Veo seriedad y respeto, pero no emoción. Algún aplauso más encendido
ante alguna unidad del ejército que defiende las posiciones de España en lugares especialmente conflictivos.
Son lógicos esos aplausos de agradecimiento. Yo demues-
tro todo el respeto que puedo, aunque no sé muy bien
qué hacer con la bandera portátil ni cuándo es el momento de utilizarla. Me guio por mis vecinos, quiero ser extraordinariamente respetuosa con todos los que me rodean, medir, evaluar sus sentimientos, no molestar a nadie.
Me siento, sin embargo, irremisiblemente lejana de esa
sublimación formal que me suena tan hueca, de la supuesta exaltación de la patria.

Días atrás, en una de las sesiones del Pleno del Ayuntamiento, los miembros de la oposición del Partido Popular, en medio de su habitual batería de descalificaciones e insultos, me
reprochaban no ser una buena patriota. No recuerdo bien
el motivo. Podría ser cualquiera, dado que los reproches
venían de quienes se apropian de la definición de patriotismo para hacer del concepto algo restrictivo y excluyente.

Me pregunto a mí misma: pero, ¿qué es ser patriota? Reconozco que no tengo una respuesta clara. Seguramente

porque lo que yo entendería como más patriótico, el hacer de un modo u otro todo lo posible por mejorar las vidas de los que viven en mi tierra, España, no parece encajar con la concepción más al uso de patriotismo y de la propia patria.

Sigo haciéndome grandes preguntas de difícil respuesta. ¿Qué es la patria? ¿Quiénes son los buenos patriotas? Las dudas no me surgen ahora, aunque sí puedan reafirmarme en ellas quienes hoy, en un marco democrático, tratan de exaltar una patria excluyente. Creo que me ha pasado siempre. No es nuevo para mí. Nunca entendí muy bien eso de que la patria pudiera obligarnos nada menos que a entregar nuestra vida por ella. ¿Solo se es patriota aceptando esa premisa?

¿TODO POR LA PATRIA?

Recuerdo que, siendo una jovencilla, me parecía un absurdo el mensaje que en aquellos años enmarcaba la puerta de los cuarteles: «Todo por la patria». Aún hoy, con un ejército profesional, se sigue diciendo eso. ¿Por qué todo por la patria?, me preguntaba yo. ¿Por qué tengo que dar la vida, nada menos que la vida, mi vida, lo único que tengo y que de verdad es mío, por algo tan abstracto como es la patria?

Por supuesto que me gusta mucho mi país y me siento bien por pertenecer a él. Algo que se siente quizás en mayor medida cuando uno está fuera de España, donde la bandera u oír un pasodoble puede resultarte emocionante. Lo mismo me pasa con mi ciudad. Soy madrile-

> Nunca entendí muy bien eso de que la patria pudiera obligarnos nada menos que a entregar nuestra vida por ella. ¿Solo se es patriota aceptando esa premisa?

ña, me gusta la ciudad de Madrid. Pero también me gustan otras ciudades y otros países.

Soy consciente de que toda esa liturgia en relación a la patria viene de lejos, está inmersa en un contexto histórico muy relacionado con lo que significó, a lo largo de los años, la defensa de los territorios, la defensa de las fronteras, la violencia contra otras violencias.

Las invasiones de los territorios, la vulneración de las fronteras, es ya algo que se va desdibujando en nuestros días, aunque por supuesto sigamos teniendo presente, cómo no, lo que significaron episodios como la Segunda Guerra Mundial cuando no tanto Alemania como tal, sino el fascismo alemán invadió a la mayor parte de Europa.

Nosotros, en España, tuvimos una experiencia algo distinta. Como preludio de esa gran guerra, padecimos la propia, nuestra trágica guerra civil, en la que se enfrentaron, de hecho, dos patrias o, al menos, dos concepciones bien distintas de la patria, también con dos banderas. Aunque cambiada en la Democracia, nuestra actual bandera rememora la del ganador de aquella guerra fratricida, que después tanto exaltó a lo largo de la Dictadura.

Hoy en día sigue habiendo en Europa casos de discusiones violentas por fronteras, pero casi todos vinculados a reivindicaciones de replanteamientos, más o menos históricos, del juego de diferentes nacionalidades, como puede ser el caso de la reconstrucción de los países que en su día formaron la Unión Soviética.

Así, aunque en un contexto diferente, el concepto de patria y las actividades reivindicativas de su identidad en una forma u otra pueden constituir operaciones de fuerte y gravísima violencia. La guerra de los Balcanes y las encarnizadas luchas que en ella se produjeron sirven como un recuerdo que quisiéramos olvidar.

Desgraciadamente, en España tuvimos otro ingrediente peculiar. La desgarradora y criminal violencia que, desde el momento mismo de la Transición hasta octubre del 2011, introdujo la banda terrorista ETA. Durante todos esos años, hombres y mujeres jóvenes del País Vasco mataron a personas que no eran vascas o a otras que sí lo eran, pero que no apoyaban las reivindicaciones naciona-listas de independencia. Monstruosamente, entendían que la violencia terrorista era buena, útil para conseguir esa independencia de Euskadi, su patria. Fernando Aram-buru, en su novela, con ese título* en absoluto casual, ha contribuido a desmenuzar la patriótica aberración de aquel trágico episodio.

Lo viví de cerca. De nuevo, todo por la patria. Recuer-do la inmensa sensación de lejanía y la desesperación que me producían los discursos etarras. Tuve ocasión de ha-blar muchas veces cara a cara con miembros de ETA que estaban presos en la cárcel de Carabanchel cuando fui juez de vigilancia penitenciaria.

El juez de vigilancia penitenciaria tiene como obligación principal garantizar los derechos de las personas presas. Recorría las celdas de la prisión, hablaba con unos y con otros y después escuchaba a todos aquellos que solicita-ban una audiencia.

En aquellos años, finales de los ochenta, lógicamente, la mayor parte de la población penitenciaria estaba for-mada por presos comunes. Estaban en la cárcel sobre

---

* *Patria*, Fernando Aramburu (Tusquets).

todo por robos y atracos relacionados con el consumo de drogas duras. También había un colectivo, pequeño respecto al total pero importante, de presos de ETA. Era curioso. Muchos, de uno y otro grupo, pedían audiencia individualizada. Normalmente, los días que los recibía tenía una larga cola. Con su altisonante y soberbio discurso, las entrevistas con los presos etarras se alargaban. Pese a lo desesperante que resultaba, yo pensaba que debía confrontar con ellos. Los otros muchachos, muy jóvenes y maltratados por la droga, se desesperaban aún más aguardando su turno.

No podía dejar pasar sin más el discurso de los etarras. «¿Cómo podéis realizar todo ese cúmulo de atrocidades, cómo podéis matar a sangre fría a tantas personas que ni tan siquiera conocéis?». No les gustaba responder y, si lo hacían, se remontaban al pasado y me decían: «¿Qué me dice usted del terrorismo que tuvo que hacer la resistencia francesa contra el nazismo? Eso se ve bien y sin embargo no se ve bien el que nosotros luchemos por la independencia de nuestra patria».

Les escuchaba con paciencia, confrontando con ellos. La violencia siempre hay que confrontarla, pues el elemento profundamente negativo de la violencia es el miedo que produce, que nos obliga a reprimirla, pero sin escuchar sus porqués.

Evidentemente, sus alegaciones eran pueriles. No, no tiene mucho que ver una resistencia contra una brutal invasión internacional como la que significó la extensión del fascismo alemán en la ocupación de Francia durante la Segunda Guerra Mundial, con una reivindicación armada para lograr el desgajamiento de una parte de la España que ya había entrado en la Democracia y en la que ya cabía por tanto plantear abiertamente la reivindicación de una manera legal y pacífica.

Patria, guerra, vida nuestra y vida de los demás. Matar y morir matando por ella y para ella. Son reflexiones universales que conviene afrontar. En este momento es necesario repensar el concepto de patria. El ser humano tiene la necesidad de olvidar el sufrimiento, de superarlo, de arrinconarlo en su memoria. La patria no puede seguir vinculada a ese sufrimiento pasado, por muy glorioso que quieran vestirlo enarbolando la bandera.

> La violencia siempre hay que confrontarla, pues el elemento profundamente negativo de la violencia es el miedo que produce, que nos obliga a reprimirla, pero sin escuchar sus porqués.

LA CONSTRUCCIÓN DE LA BUENA PATRIA

Ilusiona ver cómo el concepto de patria, como acreedor de la exigencia del valor para matar y morir, afortunadamente se está desfigurando. Y, sin duda, algo o mucho tiene que ver con el surgimiento del movimiento pacifista en Europa, allá por el comienzo del siglo pasado, en uno de los momentos más belicosos de la humanidad supuestamente civilizada.

A principios del siglo XX se comenzó a plantear y a extender el pacifismo como actitud vital; de los frutos obtenidos por el movimiento pacifista aún disfrutamos hoy. Se planteó abiertamente ante la inminencia de la Primera Guerra Mundial, aunque ya antes, en el siglo XIX, hubo voces singulares que clamaron en el desierto. Tuvieron la valentía de proclamar la barbaridad que, intrínsecamente, significa la guerra. En nuestra patria, una voz que mostró esa valentía fue la de Concepción Arenal. Sin pelos en la lengua, con enorme gallardía y, yo diría que desde un planteamiento tan profundamente humanista como patriótico, en pleno siglo XIX lanzó el siguiente alegato[*]:

---

[*] *Ensayo sobre el derecho de gentes*, Concepción Arenal (actualmente disponible en la Biblioteca Virtual Miguel de Cervantes)

La guerra es un hecho sin derecho. La declara quien quiere, como quiere, y cuando quiere. ¿Se hace con justicia? ¿Se falta a ella? Ningún tribunal lo examina ni lo juzga, y un ejército en campaña no es una ley que se aplica, sino una voluntad que se impone. Podrá tener razón, podrá no tenerla, y aunque le falte, no dejará de ser reconocida la beligerancia. Pues si la guerra es un hecho de fuerza, ¿no tienen todos derecho a rechazarlo con la fuerza también? ¿Qué significan todas esas condiciones impuestas por el invasor de que el enemigo ha de vestir cierto traje, llevar ciertos documentos o componer una tropa numerosa? Cuando los hombres atropellan las leyes de la justicia y de la humanidad; cuando abusan de la fuerza para cometer iniquidades, aunque traigan órdenes superiores, y lleven uniformes vistosos y se cuenten por miles, ¿dejarán de ser bandidos? ¿Por ventura un papel con un sello, un traje de colorines y el tener muchos compañeros, convierte en acción noble un hecho vil?

Pero es sin duda en torno a la Primera Guerra Mundial cuando se generaliza el concepto de pacifismo, y la primera reacción que produce es la de tildar a quienes lo defienden de cobardes y, casi por ende, traidores a la patria. Se entendió el pacifismo como un desinterés por el patriotismo. Los que no querían matar ni morir por la patria fueron tenidos por cobardes y desafectos.

En el marco de la Primera Guerra Mundial, 1914-1918, en Inglaterra se entregaban plumas blancas como hitos o signos de cobardía, seguramente un símbolo muy vinculado a esa costumbre de identificar a los cobardes como gallinas. Las guerras generan fervor patriótico. La negativa a participar en la guerra fue la justificación, nada menos, para asesinar al gran socialista francés Jean Jaurès, quien, entre otras cosas, fundó el periódico *L'Humanité*. Jaurès había mantenido en la Internacional Socialista que los partidos obreros debían oponerse a una guerra entre las naciones europeas, ya que el enfrentamiento y los muertos

> Se entendió el pacifismo como un desinterés por el patriotismo. Los que no querían matar ni morir por la patria fueron tenidos por cobardes y desafectos.

iban a ser, en todos los bandos, los propios trabajadores llamados a filas. Era una reivindicación de fraternidad y solidaridad entre unos y otros miembros de la clase obrera por encima o más allá de las fronteras. Le mataron por ello.

En este relato lejano, pero tan próximo en tantas cosas, hago un inciso. Está bien recordar que en España, hace dos décadas, desapareció el servicio militar obligatorio. El ejército se convirtió en profesional. Los mensajes pueden seguir siendo los mismos, pero los que ejercen de militares, y ya no solo los mandos, son personas adiestradas para ello y que cobran por su función. Alguien podría argumentar que se ha perdido por ello el carácter de servicio a la patria que tenía el servicio militar obligatorio, pero hay otras muchas alternativas a ese «servicio» que pueden llevarse a cabo en la sociedad civil, otros servicios a la patria.

La supresión del servicio militar obligatorio no fue algo pacífico, resultado de una decisión racional fruto de la madurez de la sociedad democrática española poco belicista. Si fue suprimido es porque, entre otras razones, se generó un movimiento popular muy importante de jóvenes que, precisamente por estar en contra de la guerra, se negaban a cumplir el servicio militar. Se declararon insumisos. Fue algo relevante, de gran alcance, y respondiendo a un sentimiento general más amplio de lo que pudiera pensarse que era la insumisión. Pasó alrededor de la década de los noventa. Fueron muchos los jóvenes que, porque se negaban a hacer el servicio militar, tuvieron que entrar en prisión. Antes que insumisos eran objetores, objetaban en contra de la defensa de un concepto de patria que implicaba la sublimación de matar y morir por ella. Eran objetores a la guerra, objetores a ese concepto de patria.

Volviendo a la Primera Guerra Mundial, todo el mundo reconoce que fue una brutal sacudida para la humanidad.

Fue el principio de las grandes guerras y seguramente por eso fue de donde salió el germen esencial para evitarlas. El escritor francés Martin du Gard retrató todo ese debate de forma magnífica en su maravillosa novela *Los Thibault**.

La Guerra terminó en 1918. En el Pacto de Versalles se selló su final. Justo en ese momento, y como consecuencia del horror que había significado, se consolidó la idea de crear un organismo internacional para tratar de evitar que los países se declararan la guerra entre sí. Surge así, en torno al año 1919, la idea de constituir lo que después sería la Sociedad de las Naciones.

Es impresionante recordar los argumentos que en aquel momento se debatían para intentar conseguir algo que, efectivamente, íbamos a aproximarnos a lograr: una gran disminución de las guerras en el mundo. Para ello, no obstante, fue todavía necesario pasar por otra guerra mundial y, finalmente, consolidar una nueva organización internacional que es ahora la ONU.

Volvamos entonces a aquellos momentos épicos del pacifismo, cuando se debatía la futilidad e indignidad de las guerras y aparecían en las sesudas argumentaciones otros elementos que igualmente resuenan con rabiosa actualidad.

---

* *Los Thibault,* Roger Martin du Gard (Plaza y Janés).

La dictadura que sufrió España durante más de cuarenta años nos ocasionó, entre otras muchas pérdidas, la postergación al olvido cuando no la ignorancia, de tantas y tantas personas extraordinarias que vivieron y sobresalieron durante el primer tercio del pasado siglo xx. Personas cuya valía no era reconocida. No resultaban «gratos» al régimen de la dictadura.

Una de esas personas singulares fue Rafael Altamira. Nació en Alicante en 1866 y murió exilado en México en 1951. Fue jurista e historiador, y, sobre todo, fue un gran humanista. Desde 1921 y hasta 1940, fue nombrado miembro del Tribunal Internacional de la Haya, y lo que ahora es relevante y por lo que lo quiero citar aquí es porque fue una de las personas que influyó en la creación de la Sociedad de las Naciones. Rafael participó en los trabajos preparatorios, en reuniones en París y en Bruselas. A la vuelta de algunas de estas reuniones, dio una conferencia bellísima y muy interesante en la Academia de Jurisprudencia de Madrid.

En 1920 la editorial jurídica Reus transcribió y editó la conferencia* y tuve la suerte de encontrar la edición de ese texto en la Biblioteca Virtual Miguel de Cervantes. Por

---

* Rafael Altamira, *El congreso de la Sociedad de las Naciones* (Reus).

cierto, es una maravilla que no sé si todos los que hablamos español conocemos.

En esa conferencia Rafael Altamira expone en primera persona sus impresiones personales. Destaca cómo es de importante que para garantizar que funcione ese organismo internacional que se está pretendiendo crear, sean organizaciones civiles, de ciudadanos, las que lo compongan. Es decir, lo que hoy llamaríamos la sociedad civil. En caso contrario, argumenta Altamira, si los estados son los que actúan como tales, se van a dejar llevar por «la vieja política». Esto, dicho curiosamente hace un siglo, qué actual resuena. Merece la pena recoger un fragmento de la conferencia:

> El tercer punto, que ya se ha podido percibir en todo lo dicho anteriormente, es un estado espiritual, visible en todos los individuos que formaban el Congreso (aunque en grado distinto cada uno, como es natural), de desconfianza enorme respecto de la obra de los Gobiernos. Esta desconfianza, este recelo de que, confiada la obra de la futura Sociedad de las Naciones exclusivamente a los Poderes ejecutivos de los Estados, no llegue a cumplir efectivamente los fines que se persiguen, es sumamente curioso desde el momento que la mayoría de los miembros de las Asociaciones que asistieron al Congreso de Bruselas era

de hombres políticos de los respectivos países, de hombres que habían participado en los Poderes ejecutivos de aquellos; alguno ha sido hasta Presidente del Consejo de Ministros. Y sin embargo, en todos se manifestó de una manera clara y rotunda ese estado de desconfianza, presentándose ellos como órganos representativos de la opinión pública extraoficial. Y ese hecho, que no puede negarse y que se acusó de una manera muy aguda, invitaba a la reflexión. ¿Por qué en aquellas personas (entre las cuales, repito, había muchísimos elementos políticos, aun cuando al lado de estos los hubiese también científicos) se acusaba esa nota de una manera tan viva? ¿Qué es lo que ha pasado en el mundo, en la relación entre el Estado oficial y las masas nacionales, para que se produzca ese estado de desconfianza y se crea necesario agitar la opinión pública con objeto de conseguir un ambiente intelectual y moral que ejerza presión el día de mañana, cuando llegue el instante de la realización de los proyectos, sobre la disposición en que se supone a los elementos oficiales o que se teme de ellos? Explicaciones no faltan; quizás pueda ser una de ellas aquel sello particular que toda profesión imprime en los hombres que la realizan, y que podría expresarse materialmente como el efecto de una especie de atmósfera de infección que queda en los lugares mismos donde la función se realiza, y que pesa sobre el espíritu de las gentes independientemente de su voluntad, por muy advertidas que vayan: del mismo modo que pesa la atmósfera de infección de una enfermedad física sobre los agentes sanos que acuden al lugar infectado sin recelo de ningún género, y aun creyendo que han tomado todas las precauciones necesarias para salvarse del contagio. Y esto, que quizá perciben mejor que nadie los hombres políticos, es posible que sea lo que les lleve a temer que las gentes que el día de mañana se encarguen desde los Poderes públicos de llevar a realización la Sociedad de las Naciones, experimenten la infección de todas las cosas de la vieja política, de la antigua «razón de Estado», que tantas veces saltó por encima de la razón de justicia; y eso, al punto de que, aun los mejor dispuestos en el fondo de su espíritu, no puedan contrarrestar esa influencia...

Rafael Altamira, y por eso especialmente lo traigo aquí, se manifestaba también acerca de lo que en aquel momento tanto se reflexionaba: sobre la causa de la horrible guerra padecida. Sobre ello, en su extraordinaria conferencia, también decía:

(...)que se borrase de la enseñanza histórica y cívica de las Escuelas y de los Institutos todo el sentido patriotero y de menosprecio a los demás pueblos, que es lo que ha hecho posible que se crearan generaciones con un espíritu de abierta hostilidad al extranjero, dispuestas por lo mismo para ser instrumento de cualquier ambición que quisiera servirse de ellas.

Cuando leemos cosas tan importantes y profundas dichas por muchos de los mejores hombres y mujeres que nos han antecedido y que fueron tan sistemáticamente ninguneados, nos tenemos que sentir orgullosos de la humanidad, de su devenir siempre positivo, y a su vez seguros de que discurrir por el camino del progreso es lo mejor que podemos hacer.

La sociedad evoluciona despacio. No cabe duda de que si se hubieran seguido algunos de los consejos que se recuerdan en esa interesantísima conferencia de 1920, y poniendo un poco de optimismo en la ecuación, quizá pudiera haberse evitado la Segunda Guerra Mundial. Ciertamente, de haber recogido sus recomendaciones y, al parecer, las de tantos otros que participaron en aquellas conversaciones, nuestra actual Naciones Unidas habría tenido una mejor y más eficaz configuración.

La Primera Guerra Mundial ocasionó en torno a 40 millones de muertos; la Segunda, según algunas estimaciones, llego a los 100 millones de personas fallecidas defendiendo sus patrias. Un sinnúmero de personas utilizadas para los propósitos criminales de algunos al entender la supremacía de una raza como contenido de una patria y no solo en el marco de esta.

La idea de fraternidad, de apuesta por las gentes, pertenezcan a la raza, al credo o a la patria que sea, es, sin duda, la idea en la que hay que perseverar en el futuro. Aunque quede muchísimo por hacer y nos enfrentemos a rechazos e incomprensiones que nos puedan llevar a pensar que retrocedemos, esa idea ha permitido ya que varias generaciones europeas hayan podido vivir sin tener que participar en guerra alguna.

El pacifismo, en sí o en sus distintas expresiones, responde a una idea común: una clara actitud de rechazo a cualquier tipo de guerra como medio para resolver los conflictos entre unas y otras naciones, entre unos y otros ciudadanos. Ese sentimiento de rechazo no deja de aumentar.

Pero, entonces, de la patria ¿qué? La patria tiene que ver con algo que es nuestro. También se traduce por «tierra natal», donde hemos nacido, aunque resulte hoy reductivo en un mundo global en que tantos son aceptados e integrados en otros lugares, en otra nación distinta a donde nacieron. Sin embargo, el término «patria», con la connotación que tiene para nosotros, solo existe en los países de fuertes raíces grecorromanas. Los anglosajones no la tienen. Usan algo más genérico, más amplio: «Homeland».

Queremos nuestra ciudad, nuestro pueblo, y lo nuestro es siempre querido, muy querido. Todos los seres humanos, todos los hombres y mujeres, nos sentimos atraídos por lo propio, por lo nuestro, por lo que en última instancia más conocemos. Pero precisamente porque lo propio, lo que nos rodea, tiene que ver con la vida y no con la muerte, no se puede conjugar la patria de forma reductiva, con connotación de sacrificio.

La patria nunca puede exigir la vida, ni la propia ni la de los demás. La patria tiene que ser ese valor de lo querido y lo propio que nos facilite ser más y mejores seres humanos, y que sus valores nos ayuden a reconocer, gracias a lo que nosotros tenemos y disfrutamos, lo que solidariamente tienen los demás.

> Precisamente porque lo propio, lo que nos rodea, tiene que ver con la vida y no con la muerte, no se puede conjugar la patria reductivamente, en concepto de sacrificio.

Por eso el concepto de patria tiene que estar conjugado en positivo. Morir por la patria no es sublime. Vivir, crear, en definitiva, hacer por la patria sí lo es.

LA ECOLOGÍA. GRETA, UNA DE VOSOTROS

■

Greta, la primera adolescente que ha creado un movimiento mundial

En el siglo pasado hubo un momento dramático. De pronto, empezamos a ser conscientes de que nosotros mismos, los humanos, que tan orgullosos estábamos de lo que habíamos sido capaces de desarrollar, podíamos al tiempo estar acabando con nuestro mundo. Sí, se le puede poner fecha: el 6 de agosto de 1945. Fue la constatación de que el mundo podía destruirse a sí mismo.

Las bombas nucleares que los americanos arrojaron sobre las poblaciones de Hiroshima y Nagasaki provocaron estupor y también pavor. Nos impactaron. Con apretar un botón desde un avión —ese clic que ahora tanto prodigamos— podía desaparecer una ciudad en un momento. De pronto, la sociedad, el mundo en general, se preguntó: Pero ¿es posible que nosotros mismos, los seres humanos, podamos destruir nuestro propio y único mundo?

Esa conciencia del horror al que nos enfrentábamos desarrolló, como no podía ser de otro modo, las políticas antinucleares que se establecieron a partir del fin de la Segunda Guerra Mundial y que continúan hoy en día, si el presidente Trump no las acaba truncando, claro. A pesar de la extraña actitud del

> De pronto, la sociedad, el mundo en general, se preguntó: «Pero ¿es posible que nosotros mismos, los seres humanos, podamos destruir nuestro propio y único mundo?

presidente estadounidense, que parece que nunca nos quiera dejar tranquilos del todo —pues de una manera venal e incomprensible ha roto el pacto antinuclear ruso-americano—, podemos sentirnos satisfechos de cómo la sociedad internacional ha actuado hasta ahora. Han pasado más de setenta años desde aquella fecha fatídica y no ha vuelto a haber ningún bombardeo nuclear.

Sí, efectivamente, de eso podemos estar satisfechos. En esta, como en otras cuestiones, hay razones para la confianza en el sentido común de la humanidad y de sus decisiones.

Sin embargo, lo paradójico es que, desde la década de los ochenta, hemos empezado a ser también conscientes de que vivimos otro peligro análogo. O, mejor dicho, mucho más grave. Llevamos, pues, constatando desde hace décadas que estamos inmersos en un peligroso proceso de autodestrucción de nuestro mundo, de nuestro planeta. Y digo «auto» porque, pese a algunas voces que intentan desdecirlo sin más fundamento que la negación e insistiendo en que siempre ha sido así, el proceso está provocado por la obra del hombre. Los gases de efecto invernadero han dado lugar a un calentamiento global que pone en cuestión el equilibrio del planeta y su sostenibilidad como soporte de nuestra querida humanidad.

EL FENÓMENO GRETA

Greta Thunberg es una adolescente sueca de 16 años que desde agosto de 2018 está revolucionando el mundo. Está, sobre todo, movilizándoos a vosotros, los jóvenes, los que tenéis el deber de controlar el futuro.

Para sorpresa de muchos y aplauso de tantos, Greta, con sus 16 años, se plantó ante al parlamento sueco con un cartel que promovía una huelga escolar por el clima. Decidió dejar de ir a clase los viernes para dedicarlos al futuro: «Fridays for future». Un año más tarde su militancia climática generó una convocatoria de huelga escolar mundial. La fecha: 20 de septiembre de 2019.

Poco antes, Greta había viajado a Nueva York en un catamarán a vela, sin emisiones, todo un emblema. Salió de Inglaterra en un viaje de varias semanas. Tuvo gran proyección mediática. Greta había conseguido un primer objetivo: iba a la sede de la ONU, su nuevo y gran altavoz. Allí la recibió António Guterres, el secretario general. Después, Greta habló ante la Asamblea General, en su sesión anual, esta vez dedicada,

> Para sorpresa de muchos y aplauso de tantos, Greta, con sus 15 años, ha levantado un movimiento enorme para llevar a cabo lo que denomina «La huelga por el clima».

como no podía quizá ser de otro modo, a la emergencia climática.

Y llegaron, primero el 20 y después el 27 de septiembre de 2019. Lo que se venía anunciando ocurrió. La huelga escolar mundial por el clima se hizo. En más de doscientas ciudades del mundo los estudiantes abandonaron las escuelas y salieron a la calle. En muchas de esas ciudades —en España, con Madrid y Barcelona a la cabeza— los adultos también se manifestaron el 27 de septiembre para respaldar la iniciativa de los más jóvenes. Miles y miles de personas, universitarios, adolescentes e incluso niños, nutrieron amplias manifestaciones. Fue un reconocido éxito. Todavía insuficientes —quizá siempre lo serán—, esas grandes manifestaciones simultáneas han provocado el aldabonazo a las conciencias que, de entrada, Greta reclamaba. Será más difícil a partir de ahora que los gobiernos sigan en su relativa pasividad. El aldabonazo reduce el campo de los empecinados negacionistas.

Greta es una de vosotros, de vosotras, las generaciones que venís, de todos los que ahora sois adolescentes o jóvenes y que, en menos de diez o quince años, vais a ser la generación en el poder, en el poder de las instituciones sociales y económicas.

El «fenómeno Greta» es mucho más que un aconte-
cimiento sorprendente, aunque sin duda también lo sea.
Que una adolescente, casi una niña, lidere un movimiento
social mundial es absolutamente novedoso y significa que
estamos viviendo grandes cambios. No recuerdo haber
conocido ningún movimiento liderado por adolescentes,
diría yo casi niños.

Una de las sorpresas más importantes de este movimiento es que los jóvenes tenéis ya tanta capacidad de
actuación e información que podéis tener no solo vuestras propias opiniones, sino la capacidad de trasmitirlas y
amplificar su alcance. Y eso es estupendo. Con más posibilidades que en otros momentos históricos, tenéis que
conseguir hacerlas realidad. Tenéis las herramientas y el conocimiento: solo os queda demostrarlo.

La tecnología que vosotros utilizáis ya de manera inna-
ta ha ampliado vuestro poder de manera incuestionable.
No solo podéis saber mucho y pronto, sino que podéis
relacionaros en un solo clic con muchísimas personas. Eso
os da un poder enorme, que nunca hasta ahora hemos
tenido otras generaciones. Es algo nuevo que habréis de
saber aprovechar.

Otra de las sorpresas de este movimiento liderado por
vosotros, los jóvenes, que os veis obligados a actuar porque
no encontráis en vuestros mayores y en vuestros líderes

LA ECOLOGÍA. GRETA, UNA DE VOSOTROS

sociales la respuesta adecuada. Una respuesta distinta, una respuesta que, si bien probablemente ni siquiera vosotros tenéis, sabéis que no se corresponde con las que la sociedad y los sectores que controlan nuestras vidas nos están ofreciendo.

> Una de las sorpresas más importantes de este movimiento es que, los jóvenes tenéis ya tanta capacidad de actuación e información que podéis tener no solo vuestras propias opiniones, sino la capacidad de trasmitirlas y amplificar su alcance. Y eso es estupendo.

Antes de este, ha habido movimientos juveniles en contra del *establishment*, sí, pero nunca desde edades tan tempranas. Todos esos movimientos tenían algo en común: se definían en contra de sus mayores. Pero la gran diferencia con este es que los anteriores cuestionaban los valores mismos de los mayores, no tanto su pasividad e ineficacia. En el caso del movimiento «Fridays for future» los jóvenes lucháis por valores que también defienden los adultos, pero con respecto a los que los adultos no actúan ni reaccionan. Vuestra crítica es que la sociedad se queda en la teoría, que la sociedad no toma medidas. Es lo que critica el movimiento que Greta promovió y lidera.

Greta acepta la definición social del problema del clima, no la inventa ni la formula de nuevo, lo que hace es cuestionar la ineficacia y la inanidad de los mayores ante el ya inevitable cambio climático. Les interpela ante lo que esa inacción va a significar para generaciones futuras, cuya representación, paradigmáticamente, enarbola ella.

He releído mucho de lo que dice Greta, y ahí, en su discurso, creo que se encuentra otra clave de este nuevo protagonismo que podéis tener vosotros, los jóvenes. En sus escritos, dice Greta*:

> Greta acepta la definición social del problema del clima, no la inventa ni la formula de nuevo, lo que hace es cuestionar la ineficacia y la inanidad de los mayores ante el ya inevitable cambio climático.

Algunas personas dicen que no deberíamos dedicarnos al activismo. Que deberíamos dejarlo todo en manos de nuestros políticos y limitarnos a votar por el cambio. Pero ¿qué hacemos si no hay voluntad política? ¿Qué hacemos cuando las políticas necesarias no se ven por ningún lado?

* *Cambiemos el mundo*, Greta Thunberg (Lumen).

Los adultos nos dicen continuamente que nos tenemos que infundir esperanza a nosotros mismos, los jóvenes. Lo que tenemos se lo debemos, pero yo les digo: no quiero su esperanza, no quiero que sean optimistas. Quiero que entren en pánico, quiero que sientan el miedo que yo siento todos los días y entonces quiero que actúen. Quiero que actúen como lo harían si estuvieran viviendo una crisis. Quiero que actúen como si nuestra casa estuviera ardiendo... porque así es.

LOS JÓVENES: LOS NUEVOS LÍDERES SOCIALES

Creo que en el discurso de Greta no solo hay una constatación de vuestro poder, el de los jóvenes, sino también una grave ruptura con el liderazgo de quienes deberían ser los líderes sociales: los políticos, los políticos adultos.

El movimiento que pone en marcha Greta desprecia y censura la actuación de los adultos ante su pasividad en la lucha por el clima. Acusa de inacción a los políticos y se subroga en las propuestas de solución, ideando un programa que no es escolar ni universitario, ni siquiera nacional, sino absolutamente mundial. Responde a la dimensión misma del problema, la necesidad de salvar el planeta.

No sé a dónde nos puede llevar esta ruptura entre el magisterio de los adultos y el protagonismo de los jóvenes. Las enormes crisis de confianza que se aprecian en todos los países entre los políticos y los ciudadanos, probablemente hayan tenido que ver algo en esto. Y no creo que sea bueno.

LA RECIENTE CRISIS DEL CLIMA

La preocupación por el clima, por el sostenimiento universal, es sin duda reciente. Es en 1973 cuando un científico británico comienza a llamar la atención respecto a que los clorofluorocarbones (CFC) contribuyen al calentamiento global. Poco después, en 1975, otro científico confirma la importancia de los CFC. En 1985 se declaró ya, en la conferencia conjunta de UNEP/WMO/ICSU*, que la evolución del papel del dióxido de carbono y otros gases de efecto invernadero estaba relacionada con las variaciones climáticas e impactos asociados. Después, la Organización Mundial de la Salud estableció la creación, como seguimiento a esa conferencia, de los Grupos

---

* UNEP (United Nation Enciroment Progranme); WMO (Word Meteorological Organization); ICSU (International Science Council)

Intergubernamentales de Expertos sobre el Cambio Climático.

Los expertos continúan en la actualidad haciendo análisis de la situación, y ya en noviembre de 2015 lo ratificaron desde la NASA: el dióxido de carbono continúa aumentando por encima de niveles habituales. Hasta tal punto, que ya más de la mitad del dióxido de carbono liberado de la quema de combustibles fósiles no consigue ser absorbido por la vegetación o los océanos y, por tanto, no es procesado por la atmósfera. En uno de los últimos informes del Grupo Intergubernamental de Expertos sobre el Cambio Climático (IPCC), concretamente, en su quinto informe de evaluación, aprobado definitivamente en noviembre de 2014, se afirmaba lo siguiente:

Las concentraciones atmosféricas de dióxido de carbono, metano y óxido nitroso no tienen precedentes, al menos en los últimos 800 000 años de la historia del mundo sus efectos se han detectado en todo el sistema climático. (…) Los océanos continuarán calentándose y aumentando su nivel medio mientras que la banquisa ártica continuará reduciéndose y perderá espesor durante el siglo XXI. El cambio climático amplificará los riesgos existentes y creará otros nuevos para los sistemas naturales y humanos. Los riesgos lo serán en general, pero su distribución será desigual.

Serán mayores para las personas y las comunidades más desfavorecidas independientemente del nivel de desarrollo de estas. La emisión continua de gases de efecto invernadero provocará un mayor calentamiento y cambios a largo plazo en todos los componentes del sistema climático, aumentando la probabilidad de impactos graves generalizados e irreversibles para las personas y los ecosistemas. La limitación del calentamiento requerirá reducciones sustanciales, y sostenidas, en la emisión de gases de efecto invernadero que, junto con la adaptación, pueden reducir los riesgos del cambio climático.

Estas alarmantes consecuencias se han venido confirmando en los sucesivos informes del IPPC. En el último de estos informes, aprobado en septiembre de 2019, en el especial dedicado a los océanos, se nos recuerda que el calentamiento global ya es superior en 1°C con respecto a los niveles preindustriales. Ello a causa de las emisiones de gases de efecto invernadero pasadas y presentes. Y hay pruebas abrumadoras de que ello entraña consecuencias graves para los ecosistemas y las personas. Los océanos se han calentado, su acidez ha aumentado y su productividad ha menguado. La fusión de los glaciares y los mantos de hielo provoca la subida del nivel del mar, y los fenómenos extremos costeros son cada vez más violentos.

La verdad es que es difícil cuestionar hoy algo que está científicamente acreditado por los mejores expertos y organizaciones de Naciones Unidas. Los gases de efecto invernadero que provienen de la industria, de la energía y del transporte (a través del uso de combustibles fósiles) no son absorbidos por el ciclo natural de la atmósfera, motivo por el cual se produce un cambio en el clima que genera una metamorfosis definitiva en los ecosistemas.

Naciones Unidas promovió el Acuerdo de París en 2015 con el propósito de que el mayor número de países posible se concienciaran de la gravísima situación que estamos atravesando y redujeran en sus territorios la emisión de gases de efecto invernadero. En este acuerdo de París se estableció la obligación de mantener el aumento de la temperatura media mundial por debajo de 2°C.

> El calentamiento global ya es superior en 1°C con respecto a los niveles preindustriales. Ello a causa de las emisiones de gases de efecto invernadero pasadas y presentes. Y hay pruebas abrumadoras de que ello entraña consecuencias graves para los ecosistemas y las personas.

La importancia de mantener la temperatura por debajo de esos niveles es fundamental. A título de ejemplo, por su actualidad, en el citado informe del IPPC sobre los océanos se nos recuerda que en el Ártico los valores mensuales de extensión del hielo marino disminuyen todos los meses del año, y su espesor no deja de menguar. La estabilización del calentamiento global en 1,5 °C con respecto a los niveles preindustriales supondría que el hielo desaparecería del océano Ártico en septiembre —el mes con menor extensión de hielo— solo una vez cada cien años. Sin embargo, con un calentamiento global de 2 °C, esa circunstancia podría llegar a producirse cada tres años.

El permafrost —congelado durante muchos años— es objeto de calentamiento y deshielo, y las proyecciones apuntan a un deshielo generalizado de ese tipo de terreno durante el siglo XXI. Incluso aunque el calentamiento global se limite a valores muy inferiores a 2°C, aproximadamente el 25 % del permafrost situado cerca de la superficie (3-4 metros de profundidad) se habrá descongelado de aquí a 2100. Si las emisiones de gases de efecto invernadero siguen aumentando con fuerza, cabe la posibilidad de que se pierda cerca del 70 % del permafrost que se encuentra cerca de la superficie.

Y sigue recordando ese informe que, hasta la fecha, los océanos han absorbido más del 90 % del exceso de calor del sistema climático. De aquí a 2100, absorberán entre dos y cuatro veces más calor que en el periodo comprendido entre 1970 y el momento actual si el calentamiento global se limita a 2 °C, pero si las emisiones son más elevadas, la absorción será entre cinco y siete veces mayor. El calentamiento de los océanos reduce la mezcla entre capas de agua y, como consecuencia, el suministro de oxígeno y nutrientes para la vida marina.

La frecuencia de las olas de calor marinas se ha duplicado desde 1982 y su intensidad no deja de crecer. Con un calentamiento de 2°C, su frecuencia será veinte veces mayor en comparación con los niveles preindustriales, pero si las emisiones siguen aumentando con fuerza, su frecuencia será cincuenta veces mayor.

AVANCES INSUFICIENTES

En diciembre de 2020 tenemos un examen final, toca evaluar la situación en la que nos encontramos y ajustar y adecuar el Acuerdo de París a la emergencia climática. No hace falta ser adivino para entrever la conclusión a la que se llegará para proponer la firma del nuevo acuerdo: los responsables políticos no están haciendo lo que deberían. Se dirá de forma más expresa o menos, se tratará previsiblemente de edulcorar, pero la conclusión será esa. De hecho, la reciente cumbre sobre cambio climático organizada por la ONU en Nueva York en septiembre de 2019, en la que participó Greta y que era clave para evaluar los avances en la lucha contra el cambio climático, se cerró con un compromiso insuficiente por parte de los países intervinientes.

No se han llevado a cabo de manera clara y rotunda los programas necesarios para la disminución de los gases de efecto invernadero. Sin embargo, la ecología ha calado de forma importante entre los adultos y, lo que es más nuevo y esperanzador, también entre los niños y adolescentes; en definitiva, entre las generaciones que vienen. En los colegios se habla ya con normalidad y asiduidad de este tema, se hacen experimentos, juegos y prácticas con todo lo relativo a la lucha para mantener el clima. Esta esforzada aptitud pedagógica, que observamos en muchísimos centros en España, no encuentra un apoyo importante, sin embargo, en los padres ni en las generaciones más maduras… Y estos son los que votan.

Las razones: la principal es que desgraciadamente aún no se ha instalado entre los adultos la conciencia del nivel de gravedad del problema. Contribuyen también a quitarle hierro al asunto los «negacionistas». Aunque pueda parecer casi chistoso a estas alturas, insólitamente también los hay, sobre todo entre las fuerzas de la derecha. Un ejemplo flagrante de estos es el histriónico presidente

Trump, que parece estar dispuesto a ir a contracorriente de toda tendencia, incluso en la negación del cambio climático. Con todo, resulta difícil entender que no se haya conseguido que los gobiernos del mundo apuesten por un verdadero y real compromiso de tomar medidas.

No podemos hacer otra cosa que darle la razón a la joven Greta. Los adultos os hemos fallado. No hemos cumplido lo que prometimos. En breve se cumplirán los cinco años establecidos en la Conferencia de París como «periodo de mejora». No se ha alcanzado la reducción de gases que allí se estableció. Debería haberse logrado una disminución de la temperatura general que, por el contrario, ha seguido aumentando.

El propio secretario general de Naciones Unidas, António Guterres, se lamentaba en su discurso de septiembre de 2018 de la insuficiente colaboración de los gobiernos. Esta falta de implicación de la clase política choca en este caso (quizá como en tantos otros) con valores morales que, sin embargo, sí se van asentando, cada vez en mayor medida, en la conciencia de una proporción creciente de individuos. De esta manera se explica, afortunadamente, la clarísima postura de la Iglesia católica, que recientemente —y quizás para sorpresa de parte de sus feligreses, de perfil tan conservador— ha recordado a sus creyentes (y a los que no lo son, pero la escuchan) la necesidad de cuidar la naturaleza. Y lo ha hecho de manera firme y sin ambages de ningún tipo. La encíclica del papa Francisco denominada *Laudato si* eleva a doctrina de la Iglesia el respeto absoluto a la defensa de la ecología como actividad, y aún más como pensamiento imprescindible para nuestro mundo. Emplea el papa Francisco el término, a mi juicio muy certero, de «cuidar la casa común». Se trata, nos dice, de asumir que nuestro mundo, el mundo en general, es nuestra casa, nuestro planeta único, y que tenemos que protegerlo.

> No podemos hacer otra cosa que darle la razón a la joven Greta. Los adultos os hemos fallado. No hemos cumplido lo que prometimos.

Pero en esto sucede algo parecido a lo que acontece con la tragedia que estamos viviendo en Europa al negar la acogida a tantos inmigrantes que llegan a nuestros países jugándose la vida en el mar Mediterráneo. Nuestra sociedad actual, en la cual impera el individualismo, quizá no tiene insertado el valor de la solidaridad de una manera evidente —a pesar de que pienso, sinceramente, que lo tenemos más presente de lo que parece, aunque un poco escondido—, pero creo que al menos tiene el de la hospitalidad. Aun así, los gobiernos, temerosos de minorías que cuestionan esos valores, no apoyan las políticas públicas de compasión y de hospitalidad que tienden a brotar con espontaneidad en la mayoría de personas ante el desamparo de tantos inmigrantes.

Así, aunque desde la Iglesia católica se predique de manera clara la obligación de reconocer los derechos humanos a todos los inmigrantes, sean irregulares o no, las políticas públicas de casi todos los países no se atreven a secundar esa doctrina. Tampoco en España, que tanto presume de ser tan católica, con grupos políticos y organizaciones que se arrogan la interpretación de la doctrina al margen de lo que diga el papa, al que se atreven a ver incluso con desconfianza.

Lo mismo pasa con el tema de la degradación del clima. La lucha por la sostenibilidad sin duda se está convirtiendo, un valor que claramente se va insertando en nuestra moral social. Sin embargo, los gobiernos no se atreven a desarrollar las necesarias políticas públicas que exige ese valor. Estos «menesteres» tienden a relegarse a ser patrimonio exclusivo de asociaciones y de organizaciones sin ánimo de lucro, como si fueran algo de segunda o sin la suficiente importancia para que el estado se haga cargo. Quizá necesitan que la ciudadanía hable más claro para que contemplen la necesidad de poner de relevancia el asunto en sus políticas.

EL NEGACIONISMO

Esto es así porque, como en otros aspectos de la vida social, hay sin duda sectores, normalmente vinculados a las clases y a las ideas más conservadoras, que cuestionan la propia existencia o la gravedad del problema; es decir, los que antes hemos denominado negacionistas. Las concluyentes evidencias científicas, y su corroboración por parte de la ONU, no quieren aceptarse. El actual presidente de los EE. UU. escribió en un tuit que el calentamiento global era una mera actividad conspiratoria inventada por China para perjudicarlos. La condición de alta autoridad política no parece impedir hoy, en la época de las *fake news*, decir tonterías, cuando no expresos disparates.

El citado presidente se concedió el lujo de decir esta frase debido a que los países aún en desarrollo quieren tener las mismas posibilidades que tuvieron los países ya desarrollados, los cuales pudieron disfrutar de un mundo de descontrolada contaminación cuando esta no era ni entendida ni considerada como problema. Estos países, como China o India, cuestionan que ellos no puedan ahora seguir los pasos de sus referentes occidentales. Quizá este argumento de China no sea el más coherente con el problema, pero tratar de darle la vuelta y considerar que la propuesta china responde a una conspiración antiestadounidense es un despropósito que solo puede ser entendido como una más de las estrafalarias ideas de Trump.

Personas con grandes capitales y con fuertes intereses industriales no quieren oír hablar de la reducción de las emisiones, pues temen que las reformas necesarias para detener la degradación del clima puedan perjudicarles de alguna manera. Por supuesto que, entre los grupos de poder que protagonizan esa tendencia regresiva, hay singularidades que no se alinean con esa actitud reaccionaria ante la lucha contra el cambio climático. Desgraciadamente, tienen escasa incidencia en el colectivo de intereses de los poderosos reaccionarios. Resulta sin duda emblemático ver quiénes son las personas y por qué rechazan combatir los gases de efecto invernadero.

El ayuntamiento de Madrid, bajo mi gobierno, desarrolló un plan audaz para limitar las emisiones de dióxido de nitrógeno como consecuencia del tráfico. Pues bien, yo, como alcaldesa responsable del plan, he sido tachada por los partidos conservadores —PP, Vox y Ciudadanos— de estar en contra de los coches y nada menos que de limitar el derecho de los ciudadanos a poder ir en su vehículo particular allí donde quisieran. Esa nueva «libertad» que ya hemos mencionado en otro lugar del libro, que podríamos caracterizar como «libertad para contaminar», se podría equiparar a otras como beber aunque se conduzca o fumar en lugares públicos.

Un alcalde del Partido Popular, de un municipio del área metropolitana de Madrid, se planteó denunciarme invocando el artículo de la Constitución que permite deambular libremente, por el hecho de que se prohibiera en determinadas ocasiones la entrada de vehículos privados al centro de Madrid. Ese tipo de planteamientos reivindicativos, a contracorriente y pretendiendo superar la tendencia, tienen recompensa entre los grupos reaccionarios. Ese alcalde acaba de ser nombrado consejero en el nuevo Gobierno de la Comunidad de Madrid.

La antigua Presidenta del Partido Popular de Madrid acuñó, al referirse a nosotros, el término de «cochófobos». Decía que odiábamos los coches, minimizando constantemente la importancia de que los coches de gasolina y diésel produjeran una sustancial cantidad de dióxido de nitrógeno. De hecho, lejos de prevenir a la población, alentaba a la aludida «libertad para contaminar». Claro que había defendido también las anteriores «libertades» periclitadas antes aludidas.

La presidenta Aguirre no hacía más que, tímidamente, emular al presidente Trump que, como contraste ante la sensatez, da tanto juego. Nada más ganar las elecciones, el presidente de Estados Unidos manifestó con claridad que se apartaba del Acuerdo de París y que no iba a llevar a cabo ninguna política pública encaminada a rebajar el índice de los gases de efecto invernadero. Y ello, además, alardeando de hacerlo así, cuestionando a todos. En definitiva, es solo una muestra de este tipo de líderes bufos que parece que se han puesto de moda en el actual momento político. Esto requeriría un estudio específico.

El último gobierno del Partido Popular en España interrumpió la política pública favorable a la implantación de nuestra energía solar. ¡En un país como España! Es más, por extraño que pueda parecer en el panorama mundial, introdujo lo que se ha llamado el «impuesto al sol», un impuesto que servía para disuadir de la autogestión con energía solar.

Resulta fácil de constatar que son precisamente las personas que se identifican con el conservadurismo las que suelen tener más resistencia a los cambios sociales. Curiosamente, y en muchas ocasiones, protocolizan su enfrentamiento al cambio y al progreso en la generalmente oculta defensa de sus arrastrados privilegios, individuales o de grupo.

España parece haber recuperado la senda de la sensatez en la transición ecológica. En todo caso, la lucha por el clima, contra el cambio climático que puede ser tan dramático, es algo absolutamente vuestro, de los que estáis por llegar. Los adultos, y muy especialmente la clase política, no pueden inhibirse de su responsabilidad; no obstante, el reto está esencialmente en las manos de los jóvenes, en vuestras manos. Vuestra vida y vuestro futuro dependen de que seamos —seáis— capaces de desarrollar políticas de sostenibilidad. Tendréis que ser vosotros los que, con vuestra imaginación y vuestro poder, que habréis de ganaros, hagáis lo que de alguna manera ha hecho ya la adolescente sueca: erigiros como líderes y paradigma de esta lucha. Habréis de ser vosotros quienes desarrolléis actitudes que paren el peligrosísimo deslizamiento hacia la destrucción del planeta.

ECOLOGÍA ES TAMBIÉN JUSTICIA SOCIAL

La ecología es, hoy por hoy, un hito trascendental que pone en cuestión la propia estructura de un sistema económico tradicional. La economista Kate Raworth expuso en una famosa y viral charla TED los indicadores que actualmente tendrían que medir una economía basada en el progreso, no en el crecimiento, que tenga en cuenta las necesidades básicas —salud, alimentación y vivienda— y la preservación del planeta. Lo llamó «economía rosquilla», porque los indicadores se distribuyen a partir de un centro donde se hallan atrapados los más pobres.

La lucha constante de la humanidad por combatir la desigualdad obliga ahora a entender la economía con los límites de la necesaria sostenibilidad. ¿Contribuirá esta renovada mirada sobre el desarrollo económico a una reducción de esa desigualdad que hoy se dispara en el mundo? Es el reto adicional que encierra la perspectiva ecologista.

El obligado marco ecológico pone límites a las terribles desigualdades que hoy vivimos entre quienes poseen enormes riquezas y grandes fortunas y quienes tienen escasos recursos o apenas nada. El clima nos afecta a todos. Nadie puede tener su clima privado. Si el mundo se destroza, nos afectará a todos. El clima, como el aire, es siempre común y no hay manera alguna de privatizarlo en beneficio de los más poderosos…, aunque ya se haya hablado de intentar vender aire limpio embotellado. Puede ser que lo vendieran los mismos que defienden la «libertad de contaminar».

La lucha constante de la humanidad por combatir la desigualdad obliga ahora a entender la economía con los límites de la necesaria sostenibilidad. ¿Contribuirá esta renovada mirada sobre el desarrollo económico a una reducción de esa desigualdad que hoy se dispara en el mundo?

Los jóvenes tendréis que diseñar esa nueva economía ecológica y hacer posible que los hábitos sociales se integren a su vez en hábitos ecológicos incuestionables —hoy por hoy no lo hemos conseguido—, superando a aquellos que piensan aún, por convicción y/o interés, que no son necesarios.

Cuando era relatora de Naciones Unidas, hace ya unos cuantos años, visité Mauritania. Al recorrer las zonas desérticas de ese país me dolió profundamente ver la cantidad de bolsas de plástico que se acumulaban y, de vez en cuando, ondeaban entre las arenas desérticas. Alguien diría —creo que hace unos años y ahora ya no— que eran un síntoma de desarrollo. No lo son. ¡Y esas son las que se ven! ¡Qué no habrá en la inmensa profundidad de nuestros mares!

Así mismo me indigna encontrar en las calles de Madrid y de tantas otras ciudades europeas cantidad de colillas, a veces ya incrustadas entre los adoquines o en otra clase de pavimento. No somos conscientes de la dificultad que implica no solo reciclarlas, sino incluso barrerlas. Puedo ahora afirmarlo después de haber dirigido, impenitentemente, la lucha contra la suciedad de las calles de Madrid durante cuatro años.

Un día cualquiera en el verano de nuestras ciudades, estaba en una terraza de un bar tomando algo. Dos jóvenes se sentaron en otra mesa. Hablaban y fumaban, y me parece normal, para eso estábamos fuera. Cuando terminó su cigarrillo, uno de ellos, al parecer alguien cuidadoso y respetuoso, se levantó y salió de la terraza a la acera. Allí tiró la colilla. Es decir, había respetado el local, que no quería ensuciar —aunque quizá el local había cometido el error de no proveerle de un cenicero— para hacerlo en la calle, ¿el espacio de nadie? Quizá así lo pensaba. ¡Qué terrible entendimiento del espacio público, del espacio de todos, que tanto contribuimos, lamentablemente, a ensuciar!

Me cuesta comprender cómo hemos podido permitir nosotros, los mayores, que vosotros, los jóvenes, podáis, con una grandísima irresponsabilidad, tirar en la calle no solo colillas sino todo tipo de porquerías, como si el espacio público, en lugar de ser de todos, fuera, qué sé yo…, ¿un estercolero? Si lo pensáis, cuesta creerlo, pero es lo que ocurre. Más de 500 000 colillas al día en los suelos de Madrid para sorpresa y escarnio, espero, de todos.

En Tokio no hay papeleras. No es un error ni una carencia. Es que a nadie se le ocurre que se puedan tirar desperdicios a la calle, ni por supuesto, colillas.

No sé cuáles van a ser las medidas que vosotros vais a tener que tomar. Confiemos en que sean eficaces, porque las necesitamos.

LA DEMOCRACIA.
UN POCO DE HISTORIA…
Y ALGO SOBRE LA DICTADURA

EL

LIBERALISMO ES PECADO.

CUESTIONES CANDENTES

POR

D. Félix Sardá y Salvany, Pbro.,

director de la Revista popular.

Llámese Racionalismo, Socialismo, Revolucion ó Liberalismo, será siempre por su condicion y esencia misma la negacion franca ó artera, pero radical, de la fe cristiana.

(Carta colectiva de los Ilmos y Rdmos. Prelados de la provincia eclesiástica de Burgos).

Con censura y licencia eclesiásticas.

SEXTA EDICION.

BARCELONA.
Librería y Tipografía católica, Pino, 5.
1887.

Dios mío, qué cosas más horribles se escribieron

Me gusta decir que es necesario que cuidemos nuestra Democracia. Que cuidemos nuestro sistema de gobierno. Que cuidemos nuestra libertad.

Insisto en que debemos cuidar algo tan importante como es el sistema de gobierno que tenemos. Y elijo especialmente el término «cuidar», aunque pueda resultar sorprendente y quizá inesperado en el marco del discurso político tradicional y, no digamos, en la situación política actual. Me gusta decirlo así y, hoy más que nunca, creo que conviene hacerlo porque estoy convencida de que se necesita personalizar y humanizar lo político.

Todos sabemos lo que para cada uno de nosotros significan nuestras relaciones personales y lo importante que es que sepamos cuidarlas. Hay que cuidar las amistades. Hay que cuidar los amores.

Se lo he dicho muchas veces a mis amigos, a mis hijos, a mis nietos. Os los digo también a vosotros, los que venís. No basta con quererse, o con querer quererse. Hace falta aprender a querer y eso significa aprender a cuidar nuestras relaciones.

Pues pensemos que si es así en lo íntimo, en lo personal y en lo cotidiano, también es importante y trascendente en lo social, en lo político, en lo público.

La Democracia es, hoy por hoy, el mejor sistema posible de gobierno. Al fin y al cabo la Democracia aspira a ser precisamente el gobierno en que todos y cada uno de los ciudadanos tenga exactamente el mismo peso, la misma consideración, la misma dignidad y en el que, por tanto, la opinión de todos y cada uno de los ciudadanos valga igual y cuente lo mismo.

Cuando hablo de la necesidad de valorar y cuidar nuestra Democracia tengo presente que en nuestro país, en España, este sistema democrático es relativamente reciente. Quizá por eso siento en mayor medida esa necesidad.

Tuvimos cuarenta años de dictadura. Hasta la Constitución de 1978 no se recuperó la democracia en España. No obstante, los esfuerzos de nuestro país por conseguir la democracia no se circunscriben al periodo de la Dictadura, sino que comenzaron mucho antes.

Resulta interesante recordar que toda nuestra historia, la historia de España —y por supuesto la del mundo—, es una constante evolución, un constante camino lleno de sobresaltos y retrocesos para conseguir la democracia, para lograr un sistema de expresión más igualitario entre todos los hombres y mujeres.

La humanidad ha sabido caminar desde un mundo en el que los seres humanos eran tenidos como esclavos, siervos o súbditos, a otro en el que somos todos ciuda-danos. Este camino hacia la equiparación y la igualdad ha sido muy largo, ha transcurrido a lo largo de siglos y en muchos lugares del mundo no ha alcanzado aún la meta.

UN POCO DE HISTORIA

Si echamos la vista atrás, es cierto que en el 400 a. C. se produjo la gran experiencia intelectual de la democracia ateniense. Pero esta, a pesar de su enorme importancia como concepto, como modelo abstracto de invención social, no significó avance alguno en igualdad, pues este modelo de democracia todavía dejaba fuera a demasiados: mujeres, esclavos y un largo etcétera.

> Este camino hacia la equiparación y la igualdad ha sido muy largo, ha transcurrido a lo largo de siglos y en muchos lugares del mundo no ha alcanzado aún la meta.

Es quizá en el Renacimiento, y no obstante poquito a poco, cuando se empieza a dar importancia al ser humano como tal frente a la idea de un dios omnipresente que aplasta y diluye cualquier idea de protagonismo humano terrenal. Toda esa evolución lenta eclosionará en la

Revolución Francesa y en la primera Declaración de los Derechos del Hombre, que es de 1789.

Esa declaración promulgada a finales del siglo XVIII, parte de un primer artículo trascendental que, como gran novedad —todavía contestada por muchos—, afirma con tan lúcida como innovadora rotundidad: «Los hombres nacen y permanecen libres e iguales en derechos».

Es el comienzo de la gran evolución de la humanidad.

Cabe hacer un inciso: hasta épocas mucho más recientes, a los negros —esclavos o no— no se les consideraría humanos, por lo que no entraban, pues, en esta primera declaración de derechos.

A pesar de todo, es ahí, en esa preciosa y primera declaración, donde nace la aspiración constante del mundo moderno a la igualdad y el generalizado deseo de democracia. La aspiración se consolidará después en la Declaración Universal de los Derechos Humanos (DUDH) de 1948. Han tenido que pasar casi dos siglos para alcanzar esta segunda, y aún más rotunda, afirmación de igualdad entre los hombres o, como ahora diríamos, entre los hombres y las mujeres. La DUDH empieza con el inequívoco y bello reconocimiento de la dignidad intrínseca de los seres humanos y de los derechos iguales e inalienables de todos los miembros de la gran familia que componen.

Me entusiasma la interpretación de la historia de los derechos humanos que hace la profesora estadounidense Lynn Hunt en su libro que, no por casualidad, titula *La invención de los derechos humanos**. Argumenta que lo que motivó que la humanidad desembocara en el reconocimiento de la igualdad de derechos de todos los seres humanos fue el incremento social de la sensibilidad y la empatía. Añade esta original historiadora americana que para esa evolución fue determinante la literatura. Con esta se empezó a expresar cómo era el alma humana como tal. Ello permitió la identificación entre personas de muy diferente categoría, porque todas tenían los mismos sentimientos. Al «descubrirlo», el ser humano comenzó a generar solidaridad y empatía con respecto a otros.

Sin duda resulta sugerente esa interpretación de la historia de los derechos humanos. Sea o no el desarrollo de la empatía humana el elemento determinante de la evolución positiva de la humanidad, el hecho de aceptar que los seres humanos nacen iguales y tienen los mismos

---

* Lynn Hunt, *La invención de los derechos humanos* (Tusquets).

derechos nos obliga a exigir un sistema político basado en esa reconocida igualdad de todos.

LAS PRIMERAS LUCES

Cabría preguntarse, ¿cómo surgió, por tanto, a partir de la Revolución Francesa, la idea de la democracia en general? Y muy especialmente, ¿cómo comenzó en nuestro país, en España, la Democracia?

No se trata ahora de que rastreemos juntos los pequeños destellos sociales que, a lo largo de nuestra historia, pudieron indicar ese reconocimiento y ese deseo, sino de ver los momentos especialmente importantes para que sucediera.

> El hecho de aceptar que los seres humanos nacen iguales y tienen los mismos derechos nos obliga a exigir un sistema político basado en esa reconocida igualdad de todos.

Si ponemos la vista ya en el siglo XVIII, al que llamamos el «de las Luces», vemos que es cuando se empieza a cuestionar la concepción del poder absoluto de los reyes. Hasta aquel momento nadie era capaz de pensar otra cosa. Los reyes, se decía, recibían su autoridad de Dios mismo y podían (debían) ejercerla de forma absoluta.

Los reyes tenían poder absoluto y, mejor o peor tratados, los demás eran sus súbditos.

Curiosamente es la orden de los jesuitas la que comienza a apuntar una muy valiente y sorprendente teoría para aquellos tiempos: «Si los reyes no ejercen bien su poder absoluto se convierten en tiranos y está justificado derrocarlos».

¿Justificó esa teoría, defendida por esta orden religiosa, el hecho de que se les fuera expulsando de los distintos países europeos? ¿Sirvió esa teoría como justificación también para su expulsión en 1767 de España y de la América que todavía formaba parte de esta? Quede como incógnita nunca desvelada con certeza. Desde mi punto de vista, sin duda, influyó.

Tuviera o no influencia aquella posición, la realidad es que en España habría que esperar otro siglo más para que se empezara a hablar de intentos democráticos como tales. En los primeros años del siglo XIX es cuando vamos a encontrar en nuestro país por primera vez el reconocimiento formal e institucional de la democracia. Fueron las Cortes de Cádiz las que, en 1812, elaboraron la primera Constitución democrática.

La Constitución se promulgó en Cádiz el 19 de marzo de 1812. Se la llamó entonces, popularmente, «la Pepa», por eso de haber sido declarada el día de san José. Supuso una verdadera e inmensa conmoción nacional. Acogida con un gran entusiasmo por los sectores más avanzados y progresistas que existían en ese momento en España, fue sin duda piedra de escándalo para la monarquía, la aristocracia, la Iglesia y los sectores más directamente influidos por estos pilares del poder tradicional.

Resulta fantástico leer el libro del padre Juan Antonio Posse con su discurso sobre la constitución de 1812*. Además de aportarnos cantidad de detalles interesantes sobre la vida cotidiana de un cura en aquellos años, este sacerdote gallego, nos relata en su libro cómo desde Cádiz se pedía a los sacerdotes que utilizaran los púlpitos para explicar a los ciudadanos que habían ganado esa condición lo que significaba la nueva constitución. No sabemos cuántos lo hicieron. Él sí, y tiene un discurso precioso. Quizá por eso, de forma paradigmática, el pobre acabó pronto procesado por la Inquisición durante la represión fernandina.

Es la de Cádiz la primera constitución en la que se expresó el fundamento esencial de nuestra Democracia. Esta

---

* Memorias del cura liberal don Juan Antonio Posse con su discurso sobre la Constitución de 1812 (CSIC).

constitución es la victoria de las fuerzas progresistas en una España que, desde ese momento, comenzó a estar ya muy dividida.

«La Pepa» fue revocada por Fernando VII, que reimplantó la monarquía absoluta solo dos años después, en 1814, devolviendo España a «las cadenas», como incluso llegaron a reclamar los partidarios del rey Fernando con el tristemente famoso grito de «¡Vivan las cadenas!».

Se persiguió encarnizadamente a los liberales, que era como se llamaban entonces los que hoy llamaríamos progresistas: los que creían en la fuerza de la constitución como límite de los poderes absolutos de la monarquía. Esta brutal persecución quedó retratada en las artes; acordémonos del famoso cuadro *Fusilamientos de Torrijos* o de la historia real de Mariana Pineda, tan bien dramatizada por el genial García Lorca en su libro del mismo nombre.

Ese enfrentamiento entre la España progresista y la conservadora se afianzó y parece que no hemos acabado de superarlo.

La España conservadora era en aquel momento abiertamente antidemocrática. La brutal represión de Fernando VII contra los liberales constitucionalistas es históricamente el principio de una enorme fractura, a veces expresa y a veces tácita, entre conservadores y progresistas en nuestro país.

Ante ello, bien está recordar el enorme peso que en el lado conservador va a tener la Iglesia católica. El papa León XII anatemizó en sus encíclicas el liberalismo. Igual lo hizo el papa Pío IX, en su encíclica *Syllabus*.

En el final del siglo XIX, se llegó a afirmar que el liberalismo era pecado, y se le llegó a condenar con un odio y una intensidad abrumadoras. La esencia del concepto del «liberalismo como pecado» se recoge en un libro de quien fuera el obispo de Urgel en esa época, Félix Sardá y Salvany*. En el paroxismo de repudia se llegó a decir que el odio contra los progresistas y liberales era una virtud. Se hace certero aquel dicho de convertir el vicio en virtud. ¡La virtud del odio! Hoy, por suerte y felizmente, muchas décadas y cataclismos después, esto sería declarado delito.

La pugna entre las dos sensibilidades significó la alternancia de varios textos constitucionales a lo largo del siglo XIX y la primera parte del XX que se debatían entre el reconocimiento del sufragio universal —como ya había planteado,

---

* *El liberalismo es pecado*, Félix Sardá y Salvany, editorial Pages.

de hecho, la Constitución de 1812— o su mayor o menor limitación, que había caracterizado a los textos constitucionales anteriores y posteriores al excepcional hito de Cádiz.

Hoy quizá choca, pero durante décadas se podían hacer supuestas declaraciones de democracia sin hablar de sufragio universal; es decir, en esa época la democracia no era sinónimo de igualdad, de modo que se discutía continuamente sobre cómo limitar el derecho al voto.

El sufragio censatario —limitado a los propietarios— o el sufragio solo masculino —excluyendo a las mujeres— son los más conocidos y más razonadamente excluyentes. Hubo otros. A lo largo del siglo XIX, se dio esa alternancia entre largos periodos conservadores, que prolongaban inercialmente las posiciones de siempre, y cortos periodos en que reaparecían los atisbos de democracia, que eran pronto abortados.

PRIMERA REPÚBLICA Y LA TRAMPA A LA TRAMPA

En ese transcurrir reclamando la democracia, la Constitución de 1869, durante la Primera República, es el siguiente antecedente progresista después del de la Constitución de 1812. Es curioso constatar cómo, quien en 1869 era el presidente del Congreso, Nicolás María Rivero, defendió con rotundidad que «la democracia es la última forma del progreso humano en el estado actual de civilización de los pueblos».

Pero para entender bien lo que ha significado la lucha en nuestro país por conseguir la Democracia, no podemos olvidar algo que no por general es más evidente: una cosa es lo que digan las leyes —sean estas ordinarias o se trate de la propia Constitución— y otra que, en la práctica, lo que digan se cumpla. Esa diferencia entre teoría y práctica se mantuvo por desgracia durante décadas.

El caciquismo y el fraude constante en las elecciones hizo que, durante todo este largo periodo de nuestra historia, la democracia, aunque dentro de los límites que contenía, se prostituyera por el sistema tramposo en el que se movía. En la biografía del primer Pablo Iglesias de nuestra historia política, fundador del PSOE, cuenta Juan José Morato cómo este y otros dos socialistas, ya en el inicio del siglo XX, consiguieron romper con el fraude por medio, a su vez, de otro fraude electoral:

En las elecciones municipales de 1905, Iglesias con dos correligionarios más, fue elevado a la concejalía por el distrito de Chamberí. Entre sus compañeros, Rafael García Ormaechea, abogado, y Francisco Largo Caballero, estuquista. ¿Cómo pudo ser esta victoria?

Pues echando mano de iguales recursos que los otros candidatos, o sea, haciendo que un mismo individuo votase en varias secciones con la diferencia en este caso de que estos electores votaron por ideas, mientras que los otros candidatos realizaban la tarea por una soldada vil. Fue un ardid ingenioso en el que intervino hasta la habilidad profesional de los tipógrafos porque se pusieron los moldes de las candidaturas con letras de signos y nada decían, pero que al trasluz parecían contener los nombres y apellidos de los candidatos oficiales; y debajo de esas líneas, en letras pequeñas pero claras, se leían los nombres de Iglesias, Ormaechea y Caballero. Los presidentes de las mesas —que entonces casi todos lo eran de profesión, una profesión que no hubiera desdeñado Monipodio*—, conocedores de todas las características materiales de la papeleta oficial, de seguro estaban durante la jornada un poco sorprendidos por lo copioso de la votación; mas el asombro hubo de trocarse en estupor cuando desdoblaron las candidaturas «camuflées».

En aquellos momentos su mala utilización puso en jaque la democracia misma.

---

* Personaje de Cervantes en *Rinconcete y Cortadillo,* jefe de los ladrones. Su nombre es usado para referirse a pequeñas mafias, estafadores, ladrones o monipodios.

EL SIGLO XX

Así, llegamos al siglo XX. Trascurrió un convulso primer tercio con la Primera Guerra Mundial y, en España, con algún periodo incluso de expreso retroceso dictatorial: la dictadura de Primo de Rivera. Puede decirse que solo en 1931 se reinstaura plenamente la democracia con la Constitución de la Segunda República, aunque poco tiempo después quedara de nuevo derogada por el triunfo del golpe de estado del general Franco.

La Segunda República fue muy corta. Proclamada en abril de 1931, desapareció en abril de 1939, cuando Franco se declaró vencedor de la guerra civil iniciada con la sublevación militar del 18 de julio de 1936. Sin embargo, a pesar de su escaso tiempo de vigencia, la constitución republicana recogió la tradición progresista democrática que latía en España. No solo proclamó el sufragio universal, sino que, en sus Cortes Generales, en 1935, se hizo este sufragio por primera vez realmente efectivo cuando se declaró el derecho al voto femenino.

Podemos así afirmar que, a partir de esta última fecha, quedó reconocido en España por primera vez el sufragio universal real. Es decir, por vez primera se reconocía que todos los hombres y mujeres en España éramos ya iguales. Nuestro voto valía igual.

Ese reconocimiento, como sabemos, duró poco. La brusca interrupción del alzamiento militar, en julio de 1936, quebró el discurrir normal de la República. Aunque no se derogó totalmente hasta 1939, fecha en que fue sustituida por el nuevo régimen franquista, solo se puede considerar que tuvo una vida normalizada de cinco años, hasta el comienzo de la Guerra.

UNA GUERRA, UNA DICTADURA Y UNA DEMOCRACIA

Por su propia naturaleza, la guerra civil convirtió España en un terrible campo de batalla donde la legalidad democrática, aunque pretendiera mantenerse, era asunto imposible.

La dictadura de Franco no solo acabó con la República. Anuló rotundamente la democracia, que volvió a considerarse perjudicial y dañina y que no se recuperaría hasta que, ya muerto Franco, se promulgara democráticamente la Constitución de 1978, bajo la que ahora vivimos.

La esencia de una dictadura es la supresión de todos los derechos individuales y de las libertades públicas. Como si se tratara de esos reyes absolutos de siglos pasados, ese nuevo régimen político antidemocrático que llegó con Franco le confería todos los poderes del Estado. Y al igual que ocurría con aquellos monarcas antiguos, y el propio dictador decía con el respaldo de la Iglesia, que todo ello era por la gracia de Dios.

Yo, como todos los de mi generación, nací y fui joven durante la dictadura de Franco. A veces, cuando hablo con chicos de hoy, me doy cuenta de que quizá resulte difícil, sin haber vivido en una dictadura, hacerse una idea de lo que esto significa, de lo que significó para muchos que fuimos jóvenes en la dictadura española.

En aquellos tiempos, no tan lejanos, la democracia era vilipendiada como sistema político. Aunque parezca mentira ahora, se esgrimía que era algo perverso y socialmente perjudicial. Todos los jóvenes estábamos obligados a cursar, tanto en secundaria como en la universidad, una asignatura que se llamaba Formación del Espíritu Nacional, en la que se demonizaba la democracia basada en la

> Quizás resulte difícil, sin haber vivido en una dictadura, hacerse una idea de lo que esto significa, de lo que significó para muchos que fuimos jóvenes en la dictadura española.

libertad —«libertinaje», proclamaban los ideólogos falangistas y franquistas— de partidos y asociaciones desde la propia ideología falangista-franquista. La Falange, organización fascista española creada en 1929 por José Antonio Primo de Rivera, fue uno de los componentes ideológicos en los que se basó el golpe de estado militar contra la República y el posterior desarrollo de los cuarenta años de dictadura del general Franco.

Recuerdo muy bien cómo transcurrían esas clases en mi colegio de monjas. Acudía una profesora externa, llegada directamente de la Sección Femenina de la Falange, que nos explicaba el contenido de un libro con tapas duras y de color verde que tenía preguntas y respuestas que las alumnas debíamos aprender. Algo parecido al catecismo de la Iglesia. Comenzaba ese curioso libro verde con una pregunta muy singular: «¿Qué es España?». Y respondía con otra aún más esotérica: «España es una unidad de destino en lo universal».

Quizá esas lecciones, con los años, hayan contribuido a crear este fervor actual en tantos sectores de nuestra sociedad por la unidad de España, mucho más terrenal y territorial.

Evidentemente, nadie entendía qué quería decir aquello, y recuerdo enconadas discusiones con la profesora de la singular asignatura. Éramos un grupo pequeño de estudiantes y, aunque no teníamos ni idea de política, estábamos acostumbradas a pensar y debatir, algo que en aquel momento no era nada habitual ni estaba bien visto —las clases de Filosofía nos habían abierto la mente y nos habían preparado para ser críticas—. ¿A que os suena que, recientemente, en pleno desarrollo democrático, se ha propuesto eliminar la asignatura de Filosofía?

La Dictadura fue cruel. Los historiadores que han analizado lo que significaron los tres años de guerra civil aseguran que Franco alargó la guerra intencionadamente. Parece que estaba convencido de lo importante que era erradicar la gran conciencia progresista y democrática que existía en ese momento en España, ya que solo en ese escenario de «tierra quemada» se podría construir un régimen autoritario sin libertades, sin partidos, sin sindicatos, sin posibilidad de expresión, sin libertad de reunión.

Por eso, probablemente, la Guerra primero y la Dictadura después fueron tan crueles y desbastadoras. Se trataba de que no quedara nada del régimen anterior, votado y legalmente establecido. En definitiva, se trataba de borrar del mapa lo que significaba la democracia.

Como ya dije antes, los que nacimos en la Dictadura no teníamos referencia alguna de lo que podía ser la democracia —como ahora pasa a la inversa—. En la mayoría de los hogares no se quería hablar de la guerra, tampoco de lo que coloquialmente se conocía como el «Régimen» si no se trataba de familias directamente vinculadas a este.

Muchos de nosotros éramos hijos de padres prácticos que se amoldaron a la dictadura. Mis padres, como otros tantos que habían vivido el horrible drama de una cruel guerra civil, lo único que tenían claro es que no querían saber nada de política.

La sociedad española, aunque se situara en un utilitario apoliticismo, sabía bien lo que se podían jugar quienes habían sido republicanos o, simplemente, quienes ya en la época menos dura de la Dictadura, a partir de 1969, se opusieran al Régimen. Cualquier oposición se consideraba, con un notable grado de amplitud y arbitrariedad, delito y podía estar penalmente castigado con la cárcel y hasta con la pena de muerte.

He señalado esa fecha, 1969, como punto de inflexión, ya que es en la que, según el código penal vigente en la época, quedaban prescritas las responsabilidades de los que participaron en la República democrática de 1931. Habían pasado 30 años desde el final de la Guerra, unos años a los que, de forma tan eufemística como propagandística, el Régimen llamaba «de paz».

En casi todas las familias españolas quedaron cicatrices difíciles de sanar. Las familias estaban en infinidad de ocasiones sembradas de personas que habían sido de uno u otro bando, incluso de los dos: el de la derecha franquista o el de los republicanos. Había un núcleo relativamente pequeño de familias que habían pertenecido e incluso luchado en uno u otro bando al completo, pero en su mayoría, y más allá de sus convicciones políticas, a la gente le había tocado estar en un lado u otro según vivieran en las zonas controladas por cada uno de los bandos.

Al terminar la Guerra, los ganadores se habían quedado, lógicamente, en España, tratando de disfrutar del triunfo. El núcleo de los perdedores —los que no habían muerto— acabó exilado, en la cárcel o intentando disimular sus afinidades políticas, dado el gran riesgo que corrían si las manifestaban.

Recuerdo un incidente que, ingenuamente, provoqué siendo muy niña sin ser consciente de su alcance. Estaba en casa de unas vecinas. Eran muy amigas de mis padres y eran profesoras. Aunque, por supuesto, yo no tenía entonces ni la menor idea, habían sido represaliadas por el Régimen al acabar la Guerra. Se me ocurrió jugar a cambiar el saludo franquista y fascista del brazo en alto con la mano extendida (que veíamos en las fotos y en el cine, nunca en el entorno familiar) por el del brazo extendido pero con el puño cerrado. Aquellas profesoras, la señorita Isabel y la señorita Consuelo, pusieron cara de terror y, con angustia, me dijeron: «No se te ocurra jamás hacer eso en la calle». Bajé el brazo por el temor que ellas manifestaron, pero por supuesto sin entenderlo todavía.

Hay tantas cosas que los niños no entienden, pero que perciben y guardan... Aquello se me quedó dentro. Recuerdo también muchos murmullos y respuestas ambiguas a mis preguntas ante la súbita desaparición de una de nuestras modistas. Luego terminé por saber que había sido detenida. Su marido había sido fusilado nada más acabar la guerra. Se estima que más de 400000 personas fueron fusiladas concluida la guerra civil y durante la llamada «paz» de la dictadura franquista.

Después, a lo largo de mi adolescencia, fueron ya llegando muchas más señales de ese espeso y oscuro ambiente que crean los regímenes autoritarios, donde lo que cuenta y lo que vale, es, simplemente la adhesión al poder absoluto.

Aunque han transcurrido ya muchos años, una salvaje guerra civil como la que tuvimos la desgracia de vivir en nuestro país dejó unas brutales secuelas que hacen difícil el perdón y el olvido mutuos incluso hoy.

Los cuarenta años de dictadura enjugaron el dolor de las víctimas del bando franquista, que fueron reconocidas y ensalzadas como «los caídos por Dios y por España». Sin embargo, las víctimas del otro lado, las víctimas del lado republicano, no solo no tuvieron reconocimiento alguno durante la Dictadura, sino que sus familias sufrieron en muchos casos una fuerte represión, precisamente por su condición de víctimas. Y en la mayoría de los casos tampoco han tenido ningún reconocimiento después, una vez muerto Franco y ya en la Democracia. Es una de las razones de la más reciente Ley de la Memoria Histórica de 2007, ahora denostada por sectores que bien podrían encuadrarse entre los nostálgicos del franquismo, que osan tildarla de revanchista.

> Aunque han transcurrido ya muchos años, una salvaje guerra civil como la que tuvimos la desgracia de vivir en nuestro país dejó unas brutales secuelas que hacen difícil el perdón y el olvido mutuos incluso hoy.

La represalia de los primeros años de la Dictadura sí que fue esencialmente una revancha de los vencedores contra los vencidos. Resulta cruelmente paradójico que, los que se levantaran en armas contra el régimen democrático legalmente constituido, tuvieran la desfachatez de perseguir por «traidores», y fusilar en muchos casos, a quienes habían seguido siendo fieles a la República y habían defendido la democracia.

Mucho más recientemente, siendo ya alcaldesa de Madrid, recuerdo otra incidencia al respecto de este tema. Reconozco que me sorprendió y explica sin duda mucho de lo que subyace en nuestra ciudadanía con tan sesgada como acuñada memoria. Estaba en la inauguración de ARCO, la feria anual de arte contemporáneo. No sé cómo vino a cuento el tema de las víctimas y su diferencial reconocimiento. Estábamos en un círculo de distinguidas damas, entendidas en arte, cuando yo esgrimí mi lógico argumento al señalar esa injusta diferenciación. Una de ellas, con la seguridad y tranquilidad que da la consolidada posición social, me alertó: «Tenga usted en cuenta, alcaldesa, que la diferencia estriba en que nosotros ganamos la guerra». ¡Todavía esa soberbia justificación tras casi ochenta años!

A pesar del tiempo transcurrido y de la infinidad de publicaciones que han ido permitiendo contar con un relato más verosímil, por complejo y detallado, la historia de la represión franquista, seguro que aún queda mucho por conocer...

Recientemente he leído una biografía del escritor Diego San José*. Fue condenado a muerte aunque, afortunadamente y gracias a amistades franquistas, fue indultado y su pena fue sustituida por cadena perpetua. Había sido condenado simplemente por escribir en los periódicos en contra del golpe de estado franquista. Estos ejemplos ratifican que la represión fue mucho más allá de la censura al derecho de expresión.

En este mismo sentido, resulta esclarecedor leer actas y materiales de los juicios y procesos que se formulaban contra autoridades republicanas por el hecho de haber colaborado con la resistencia, la sublevación o, en último término, por haber sido leales a la legalidad.

Dentro de los materiales que hoy ya están a disposición del conocimiento general, destaca quizá la documentación del juicio de quien fue un importante magistrado republicano. Se trata de Francisco Javier Elola, que fue procesado por un delito de rebelión, juzgado sumariamente y fusilado en 1939. Se defendió con gallardía, integridad e inteligencia, aunque, como ya he adelantado, sin eficacia. El nuevo gobierno franquista lo fusiló.

---

* *De cárcel en cárcel*, Diego San José (Renacimiento).

Merece la pena leer su alegato tal y como lo cita el historiador Federico Vázquez Osuna:

De nada le sirvió el ruego: el franquismo tenía suficientemente claro cuál sería su fin. Ante la impotencia de cómo se desarrollaba la instrucción, intentará razonar todo lo que le estaba sucediendo, unas notas que la autoridad castrense se hará con ellas y ordenará unirlas a la causa. Decía el magistrado Francisco Javier Elola:

«Surge la rebelión por el alzamiento colectivo en armas contra un poder legalmente constituido. En dieciocho de julio de mil novecientos treinta y seis existía un Estado con todas las condiciones jurídicas y reales a las que debía su ser en el mundo internacional. Era el de la República Española. Se regía por una Ley fundamental: la Constitución de diciembre de mil novecientos treinta y uno. Su estructura era racionalizada. Hallábase dotada de leyes, reguladoras de su vida interior. Poseía organismos públicos en pleno funcionamiento (...) No se concibe, pues, una rebelión del Estado organizado, contra una minoría que por las razones sociales y políticas que la asistiesen para combatir el poder legal y formal se había levantado en armas contra aquel. Real y jurídicamente la rebeldía estaba en el campo de los que se levantaron contra el Estado republicano y no se consolidó como tal

Poder (...) Por lo tanto, en los primeros meses a partir de julio de mil novecientos treinta y seis, no podía calificarse de rebelde al servidor del Estado, ni al Estado mismo (...) El Estado naciente podrá calificarnos de afectos o desafectos, de leales o de sospechosos, de confianza o desconfianza, pero jamás como rebeldes para fundar sobre esta califica-ción jurídica una sanción penal. (...) Las ideas no delinquen, sino las conductas, férreamente subsumidas en los precep-tos legales coetáneos a sus presuntas infracciones. Todo otro criterio sería horriblemente injusto, inicuo, desmora-lizador y contrario a los intereses del Estado nuevo, en ré-gimen jurídico de permanencia y de convivencia social».

El nivel de represión contra la República y sus institucio-nes como tal fue disolviéndose en cierta medida durante los años de dictadura. No obstante, siempre quedó el rescoldo, en especial respecto a los exilados, a los que se consideraba «enemigos de España».

También se notaba el recuerdo negativo y la tensión ante cualquier sospecha de que la República pudiera vol-ver. El 14 de abril de 1966, nada menos que cuando se cumplían 35 años desde su proclamación en 1931, se ce-lebró una reunión en la Escuela de Arquitectura de Ma-drid. Eran apenas quince estudiantes representantes de la Federación de Estudiantes de Ingeniería y Arquitectura

FEAIS, una asociación permitida por el Régimen y compuesta a partir de las representaciones de cada Escuela en el SEU, el sindicato único de los estudiantes universitarios que la Dictadura alentaba, ya que se trataba de posibles futuros dirigentes (con sus privilegios, supuestamente afines al Régimen) que podían ejercer, estos sí, algunos acotados derechos sindicales.

Pues bien, la reunión no estaba autorizada ni dejaba de estarlo, se movía en el marco de la cierta ambigüedad e informalidad que ya reinaba felizmente en la universidad de aquel momento. La reunión fue sorprendida e interrumpida por un profesor de la escuela que era, por así decirlo, el que ejercía de comisario político. Pretendió clausurarla y el representante de Arquitectura se enfrentó a él, argumentando que los locales de la escuela eran de todos, incluyendo a los estudiantes. El profesor no contaba con el apoyo de ninguna fuerza policial que le ayudara a disolver la reunión por la fuerza así que, dando muestras de gran enfado, optó por marcharse. La reunión, no sin muchas dudas entre los participantes, continuó, pero al mes y cuatro días, el 18 de mayo, aquel estudiante de Arquitectura recibía en su casa la notificación de que estaba incurso en un expediente académico que lo expulsaba de la universidad de Madrid y tuvo que terminar dos años después su carrera en Barcelona.

Toda esta historia viene a cuento porque, entre los argumentos que dio el citado Comisario —que, por cierto, fue voluntario en la División Azul, apoyando al ejército nazi en su lucha contra el comunismo— estaba el hecho de que se hubieran reunido precisamente el 14 de abril, conmemoración de la República. Creo que ninguno de los reunidos había reparado en la singularidad de la fecha. Lo que se estaba fraguando en esos años de contestación estudiantil al Régimen poco o nada tenía que ver ya con la República: se estaba construyendo el futuro, no tratando de volver al pasado.

Conozco la anécdota porque estaba en esos mismos registros de los estudiantes contestatarios ante el Régimen. Ese mismo año, en 1966, yo también fui objeto de expediente académico y fui expulsada de la Universidad de Madrid. Tuve que terminar mi carrera de abogado en Valencia y me casé al año siguiente con el estudiante de Arquitectura protagonista de la anterior historia.

Pese a la relajación de lo que en su origen fue un enardecido y total rechazo a la República, el régimen franquista mantuvo un continuo combate contra la democracia como perverso sistema político en sí mismo, tratando de argumentarlo frente a los países europeos y frente a

Estados Unidos. «Eso» que tienen ustedes «no es para nosotros». «La democracia puede ser buena para otros países pero no para los españoles. Nuestro carácter latino y apasionado no es compatible con la democracia», llegaban a decir. Sí, aunque parezca increíble, durante el franquismo se decían esas estupideces. Lo que aún resulta más inverosímil es que esos argumentos se daban por válidos por muy amplias mayorías. Polvos que sin duda están en la base de algunos de los lodos actuales, con o sin nostalgia.

La historia nos enseña, con esperanza, que no siempre todo se repite y se mantiene, sino que, por muy intensa que sea la represión política en las dictaduras, tarde o temprano algo se resquebraja y, de alguna manera, se abren vetas de libertad. Estas grietas en el desértico suelo del totalitarismo son fundamentales para alcanzar de nuevo, o recuperar, la democracia. Pero ese proceso de vuelta a la democracia conllevó un enorme sufrimiento humano y social, que en

> «La democracia puede ser buena para otros países pero no para los españoles. Nuestro carácter latino y apasionado no es compatible con la democracia», llegaban a decir. Sí, aunque parezca increíble, durante el franquismo se decían esas estupideces.

ocasiones desde, nuestra visión actual, parece imposible que se haya producido. Resulta intolerable.

Dos de las características de las dictaduras son el egocentrismo y la autocomplacencia en sí mismas. Y eso es justamente lo que les impide detectar la evolución que se puede estar produciendo en su propio seno, en su sociedad, y, aún más, les impide ver la distinta percepción que pueden estar generando al exterior. Solo así se comprende que, ya a finales de los años cincuenta, la dictadura franquista no fuera consciente de las grietas de libertad que se estaban abriendo en España.

La cultura —como la expresión emotiva de la ideología— es algo tan fantástico... Resulta ser siempre enormemente resistente a la represión y al autoritarismo. Por eso la universidad de los años sesenta que yo me encontré, a pesar de convivir con el más puro franquismo, nos facilitó a una cierta minoría de estudiantes de mi generación la conexión con nuestro pasado democrático y nos ayudó a crear conciencia de que había que superar el triste destino de una España desmembrada por

> La cultura —como la expresión emotiva de la ideología— es algo tan fantástico... Resulta ser siempre enormemente resistente a la represión y al autoritarismo.

aquella terrible guerra civil. Teníamos, como ciudadanos, que alumbrar un futuro distinto.

Recuerdo mi primer día de universidad. Supongo que es algo especial que recuerda casi todo el mundo. Está bien recordar. Recordar es eso que en el fondo comporta reconocernos en nuestra identidad. Los que lo habéis vivido, ¿lo recordáis? ¿Recordáis, como experiencia más general, vuestro primer día de colegio y/o universidad?

Yo había elegido para ese primer día un vestido azul claro con un cuello barco que creía que me favorecía mucho, y unas sandalias también azules claritas. Aunque no eran muy cómodas, eran muy bonitas. Me bajé del autobús y, nada más entrar en el amplio espacio acotado que dividía las facultades de Derecho y de Filosofía y Letras de la Complutense, me sorprendió ver que había un grupo importante de alumnos que se arremolinaban en la puerta de la facultad de Derecho. Me acerqué intrigada. Alguien recitaba poesía y los demás escuchaban. Pregunté. Estaban leyendo poemas del sevillano Luis Cernuda, un desconocido entonces para mí. Me gustaba. Me fascinó aún más el hecho de que estuviera siendo objeto de un cierto reconocimiento. Me enteré de que era uno de los grandes poetas de nuestra generación del 27, que había muerto, como tantos otros, exilado en México. Una nueva realidad se me abría.

Tras preguntarme quién era Cernuda y constatar que no tenía ni idea, fui consciente de hasta qué punto la Dictadura había amputado mi formación privándome de conocer cosas sobre mi país, mi historia, mi literatura... En definitiva, de una gran parte de mi realidad.

Pronto cambiaron las cosas, al menos para los que, conscientes de esas limitaciones, nos abalanzamos a tratar de conocer lo que tanto nos faltaba. En esa búsqueda se generó un verdadero movimiento estudiantil de contestación al Régimen. Los activistas, organizados al igual que en el movimiento obrero, nos apoyamos en las estructuras institucionales: la Federación Universitaria Democrática Española (FUDE) y otras organizaciones clandestinas como Comisiones Obreras, en el ya aludido SEU, en la universidad y en el Sindicato Vertical, un extraño adefesio *fascistoide* que en teoría «integraba» patronos y trabajadores en una supuesta superación de la lucha de clases. Los activistas universitarios no éramos muchos, de hecho. No obstante, la contestación al Régimen, pese al elitista origen de los estudiantes, llegó a ser muy amplia.

EL CAMINO HACIA LO QUE SOMOS

Muchos y variados factores fueron corroyendo el Régimen y abriendo vías en las que afloraba el ansia de democracia que sabíamos que los demás, en Europa, ya disfrutaban. La mayor relación con nuestro entorno, con el turismo y los viajes fuera de España fue, precisamente, otra fuente importante que promovió nuestras ansias de libertad.

El turismo, una de las principales fuentes de desarrollo económico de aquella España, fue un arma de doble filo para el Régimen. Por un lado nos aportaba divisas y crecimiento del Producto Interior Bruto (PIB), pero por otro lado nos ponía en contacto con otros europeos, sobre todo franceses, ingleses y alemanes, que nos visitaban.

En sentido inverso, como decía, los españoles empezamos a viajar a Europa. Las personas acomodadas lo hacían por su propio gusto, para encontrar fuera el ambiente, las películas o los libros que aquí no se podían ni conseguir ni ver. Los estudiantes —todavía casi exclusivamente de clases altas— también comenzamos a viajar con el sano deseo de conocer el mundo exterior que nos rodeaba. Íbamos, si podíamos, de excursión, pero también a trabajar. En aquel momento era fácil encontrar algún trabajo ocasional en nuestras vacaciones. Más importancia tuvo, por último, la emigración laboral española, organizada, en su mayor parte, por el propio Régimen. Hubo españoles trabajando sobre todo en Francia, Alemania, Bélgica y Suiza. Además de las divisas que enviaban, empezaron a conocer, y a valorar también, la realidad de la democracia europea.

Al régimen de Franco en los años sesenta y setenta se le fue diluyendo la ideología. Se le fue de las manos. El fascismo que encerraba la Falange, sus diatribas contra la democracia misma, ya apenas movilizaban, ya no emocionaban. En España se empezó a soñar con Europa. Y la dictadura franquista reaccionó como lo que era: con prohibiciones, censura desatada, detenciones, juicios políticos, e incluso condenas a muerte y todo lo que esto conlleva. Hasta tal punto fue así que en 1969 acordó suspender su propio régimen legal de represión. En una situación normal este era ya de por sí represivo —era la esencia de la Dictadura— pero exigía al fin y al cabo, para determinados actos represivos, la intervención judicial. En 1969 se declaró por primera vez durante todo el franquismo el Estado de Excepción, que eliminaba todos los paliativos al uso y abuso de la autoridad. Aumentaba de manera absoluta los poderes de la policía, que contaba con la temida Brigada Político Social para tomar las medidas represivas que consideraran necesarias.

En los setenta comenzaron a resultar aún más eviden-
tes nuestras diferencias respecto a la Europa, con la que
ansiosamente queríamos competir. España soportaba
cada vez peor haberse convertido en la única dictadura europea. Portugal se había adelantado y había recuperado la democracia en 1974.

Con la muerte de Franco todas las fuerzas políticas, que
llevaban mucho tiempo luchando por conseguir una gran
plataforma democrática, pudieron comprobar que, desde
el seno mismo del Régimen, surgía también un movimiento, disimulado pero decidido, para conseguir un cambio
político que pudiera restablecer la democracia en España. La mayoría de la gente se volcó en lograrlo. Así, la
Constitución de 1978 se convirtió en la tercera constitución verdaderamente expresiva del sufragio universal. La
Democracia no solo tuvo un refrendo importantísimo,
sino que fue aprobada con extraordinario entusiasmo y
en profundidad. La sociedad de 1978 quería, indiscutible-
mente, ser libre.

LA POLÍTICA AHORA, EN ESPAÑA Y EN EL MUNDO.
¿Desactivando la democracia?

Y ellos pensaron que todo era posible

Estamos en pleno siglo xxi y podemos decir que, en líneas generales y desde la perspectiva puramente teórica, la Democracia ha triunfado como la única y mejor opción de gobierno posible en el mundo. La Declaración Universal de los Derechos Humanos de 1948 lo consagró en su artículo 21, en el que se dice:

> 1. Toda persona tiene derecho a participar en el gobierno de su país, directamente o por medio de representantes libremente escogidos.
> 2. Toda persona tiene el derecho de acceso, en condiciones de igualdad, a las funciones públicas de su país.
> 3. La voluntad del pueblo es la base de la autoridad del poder público; esta voluntad se expresará mediante elecciones auténticas que habrán de celebrarse periódicamente, por sufragio universal e igual y por voto secreto u otro procedimiento equivalente que garantice la libertad del voto.

Es incuestionable. La Declaración Universal de los Derechos Humanos (DUDH) se ha convertido en un aglutinante teórico no cuestionado expresamente como tal por casi ninguno de los países del mundo. Pasearse por el Palais des Nations de Ginebra y constatar el bosque de banderas de todos los países miembros de la ONU permite tener esperanza en el futuro de la humanidad. Sin embargo, al tiempo, también es evidente que esa aceptación sobre el papel de la democracia no responde a la realidad práctica o sociológica en demasiados países.

Es necesario reflexionar sobre las causas de esa inadecuación.

LA DEMOCRACIA COMO VACUNA CONTRA LA DESIGUALDAD

Como ya he comentado en otro capítulo de este libro, si se ha conseguido alcanzar la reivindicación de igualdad entre todos los hombres y mujeres del mundo (o aproximarse mucho a esa igualdad), ha sido mediante denodados esfuerzos y luchas. Esto es así porque en la historia del mundo los más poderosos siempre han querido defender sus privilegios, su «desigualdad positiva», podríamos decir.

Así, observamos que los más privilegiados, que sin duda temen la igualdad, cuando se ven en la indiscutible coyuntura de tener que aceptar la democracia, lo que tienden a hacer es, de una forma u otra, tratar de desactivarla. Las personas muy poderosas (o, simplemente, con más poder en relación a su entorno) no necesitan, o necesitan menos, la democracia. Lo que tienen, lo que pueden hacer, no solo no depende de la democracia. Por el contrario, si esta se implanta, en muchos casos su proceder, quizá cuestionable, pudiera no seguir siendo admisible.

En el otro extremo, cuanto más vulnerables son las personas, más necesitan de la democracia, de que se apliquen en la práctica los derechos humanos. Son estas capas vulnerables las que más requieren que las instituciones estén gestionadas por personas que compartan y hayan apostado por la aplicación de esos derechos. Por eso es tan peligroso que dejemos que desactiven nuestra democracia.

DESACTIVANDO LA DEMOCRACIA

La democracia puede tender a desactivarse de muchas formas. Una de ellas, muy decisiva, reside en el proceso electoral mismo y sus resultados. La historia muestra la posibilidad de una amplia gama de trampas, más o menos burdas, que pueden alterar los resultados de las urnas: impidiendo la presentación de candidatos libres o dificultándoles de manera trascendente su participación, alterando las campañas electorales, por medio de la corrupción, utilizando fondos no declarados como sobornos anticipados, con instrumentos de control digital, con papeletas falsificadas, repetición de votantes, censos electorales alterados, presiones sobre los votantes (como impedirles entrar en los colegios electorales o forzarlos física o psicológicamente) y en último término, pero no menos importante, sino cada vez más, con el uso de las nuevas tecnologías, mediante la propagación de insidias y mentiras de todo tipo con datos falsos y *fake news.*

Pero las trampas y las insidias no son la única vía, también se desactiva la democracia por medio de la ineficacia de los procesos de representación. Si los candidatos, y después los representantes que han resultado elegidos, se desvinculan de los intereses de los ciudadanos y responden a los suyos propios y particulares, tanto económicos como profesionales o incluso a los de sus propios partidos, la democracia queda herida de muerte. Si los representantes elegidos se asientan en el poder olvidando las propias normas que permitieron su elección (los regímenes nacidos de los propios procesos electorales democráticos), al final acaban convirtiéndose en regímenes autoritarios, es decir, aquellos en los que los líderes inicialmente seleccionados por las urnas acaban consolidándose fuera de los marcos temporales, de una u otra forma, con desprecio, de hecho, de sus electores.

Si la democracia se conviérte en un sistema que se manifiesta en instituciones corruptas, se corrompe su esencia misma, se inutiliza. De hecho, la democracia se desactiva.

«La corrupción ha existido siempre; está arraigada en la condición humana». Estamos acostumbrados a escuchar este argumento, que se nos da para exculparnos de alguna manera. Teniendo que compartir, por obvia, la primera constatación, me resisto a aceptar la segunda. En un marco democrático, la corrupción no tiene por qué darse, al estar socialmente demostrada su inviabilidad o, más bien, su absoluta contradicción con la democracia misma. En definitiva, la corrupción no es sino una vía para acceder al poder o aprovecharse de él de forma tramposa. Por definición, por tanto, niega la legitimidad de cualquier poder político.

> Si la democracia se convierte en un sistema que se manifiesta en instituciones corruptas, se corrompe su esencia misma, se inutiliza. De hecho, la democracia se desactiva.

En nuestro país, en España, hemos vivido con vergüenza mucha corrupción política. Sin duda lo único que es muy positivo respecto a lo que pasa en otros países es que aquí los juzgados y tribunales han sido, en líneas generales, honestos e intolerantes con la corrupción. Y ello, como un punto a favor, a pesar de que no cabe pensar que esa enorme lacra de la corrupción se arregle solo con juzgar y condenar a determinadas personas: aquellas que resultan culpables de haberse beneficiado con el dinero, o cualquier otra cosa, de todos. Pensar esto es reducir el fenómeno de la corrupción a fallos personales, a aquellos «garbanzos negros» que, se dice, siempre hay en todo colectivo o incluso en todas las familias.

La corrupción es un fenómeno mucho más amplio. Más aún cuando parece poder darse en la impunidad y, de hecho, en un marco de admisibilidad social.

Es necesario recordar además —lo sé bien por haber sido juez más de treinta años— que la presunción de inocencia permite —y esto, lejos de ser malo, es una garantía de la democracia, tampoco lo olvidemos— que resulte difícil esclarecer la verdad de los hechos y contar con pruebas que los corroboren, sobre todo cuando las personas que son juzgadas van acompañadas de una pléyade de buenos y competentes abogados.

Un análisis global del panorama que nos ofrecen muchos países en el mundo nos indica que, desgraciadamente, la democracia real, la de verdad, tiende a ser desactivada constantemente por medio de alguna de esas situaciones que acabo de citar.

Cuando la democracia se desactiva, las consecuencias son graves o incluso muy graves. Hay un libro muy interesante, *Pequeño país**, en el que un joven africano cuenta la ilusión con la que recibieron en su país, Ruanda, la democracia y cómo, por tratar de convertirla en lo que no puede ser, acabó derivando en uno de los mayores genocidios del siglo pasado.

Nos queda mucho por hacer a los demócratas, a todos los que estamos convencidos de que ese artículo 21 de la DUDH es no solo bueno, sino de aplicación imprescindible en todas las situaciones y circunstancias. Queda mucho por hacer para que, efectivamente, la democracia sea real y no una mera apariencia formal.

Y no solo en los países que nos resultan más distantes. Hay mucho por hacer en aquellos donde tenemos la inmensa dicha de tener un nivel cultural y económico muy desarrollado y donde, al mismo tiempo, se evidencia también que, de una forma u otra, las personas y entidades que tienen más poder intentan modificar a su favor las estructuras políticas.

---

* *Pequeño país*, Gaël Faye (Salamandra).

PREOCUPADOS POR NUESTRA DEMOCRACIA

En el caso de España, no cabe duda de que vivimos una situación enormemente preocupante. Desde hace ya varios años, hay una constatación de que la sociedad española cuestiona e incluso rechaza a su clase política, a sus dirigentes. Estos constituyen, como grupo social identificado, uno de los problemas principales que destacan los ciudadanos, aunque parece que pocos se den por aludidos.

Acabo de leer la encuesta del Centro de Investigaciones Sociológicas (CIS) en la que se reconoce que una de las mayores preocupaciones de la sociedad española en este momento es su clase política. Lo más grave, siéndolo ya bastante en sí mismo, es que esto no es novedad. Es una «enfermedad» crónica que, eso sí, se viene agravando en los últimos años.

> Una de las mayores preocupaciones de la sociedad española en este momento es su clase política. Lo grave, siéndolo mucho en sí mismo, es que esto no es novedad.

La desafección respecto a la clase política tampoco es un fenómeno exclusivo nuestro. Es generalizado. Pasa en todas partes. Las críticas no paran y la desafección aumenta. Síntoma, sin duda, de ello es que cada vez vota menos gente. En España todavía se mantienen porcentajes, por así decirlo, tolerables. No ocurre así en otros países, destacando seguramente EE. UU., donde no se suele llegar al 50 % de censo teórico, aunque, además de por la falta de interés, en la práctica este caso también se vea muy afectado por la ausencia de facilidades a la hora de votar y por otros elementos de disuasión.

Pero, volviendo a España, podemos ver algunos datos que resultan tristes. En el Ayuntamiento de Madrid hicimos en 2018 una encuesta a jóvenes de 13 a 18 años. Les preguntamos qué pensaban de los políticos. La respuesta fue mayoritariamente tan conclusiva como alarmante: a los políticos solo les interesa el dinero. Así se contestó sin excepción en los cuatro grupos económicos sobre los que se estratificó la encuesta. ¡La respuesta fue unánime!

Esta grave situación de rechazo a los políticos se había convertido, a lo largo de los últimos años del siglo pasado, en algo que se trataba de obviar o soslayar; algo que, aun sabiéndolo, no se quería evidenciar como problema. Estaba ahí, pero no se tomaba en cuenta.

Y de pronto surgió una ráfaga de protestas sociales con un carácter más general —quizá más abstracto y menos reivindicativo, circunscrito a lo económico— que otras a lo largo de la historia. Y a los que protagonizaron las protestas se les llamó «los indignados». Los indignados de las plazas. Plazas centrales de capitales de diversos países se llenaron de jóvenes. Madrid, Nueva York, Túnez... Y también, justo entonces, se publicó el libro de Hessel con su famoso «¡Indignaos!», que se tradujo a innumerables idiomas y del que se vendieron miles de ejemplares en el mundo. El mensaje había calado.

EL FUTURO DE LA DEMOCRACIA

Los jóvenes que dicen no creer o confiar en los procesos democráticos están, sin embargo, enfáticamente, a favor de la democracia. ¿Qué dicen? Que lo que sucede en sus países, en sus procesos electorales, no es democracia. Uno de los lemas más rotundos, «no nos representan», iba directamente dedicado a los dirigentes. Desde las plazas se dio la voz de alerta. La democracia no marcha, muchos ciudadanos no votan. Así es, por ejemplo, en Francia. En las últimas elecciones solo votaron el 74,5 %. El nivel de abstencionismo fue, pues, muy elevado. En el invierno de 2018 se vivieron

> Los jóvenes que dicen no creer o confiar en los procesos democráticos están, sin embargo, enfáticamente, a favor de la democracia.

las poco aclaradas revueltas de los chalecos amarillos en París y tantas otras ciudades francesas. ¿Votaron ellos? ¿Votaron los irritados (ahora ya más que indignados) con chalecos amarillos? No hace demasiado tiempo, al filo del cambio de siglo, París también había ardido. En ese caso se dijo que los responsables eran los jóvenes de los barrios populares que rodean el centro de la ciudad. Eran jóvenes franceses, nacidos ya en Francia, pero procedentes de las diversas oleadas de emigración. En aquel momento se dijo que esos jóvenes se sentían tan profundamente marginados que no pensaban en votar. Además de otras medidas que apuntaban a su mayor integración, se llevó a cabo una política, muy vinculada a organizaciones sociales, para que se registraran y votaran. ¿Cuál fue el resultado de esa política? Años después, habiendo votado o no, ¿se pusieron el chaleco amarillo?

Vuelvo de nuevo al alarmante caso de Estados Unidos: solo vota algo menos la mitad de los ciudadanos que podrían hacerlo y, sin duda, son muchos los colectivos que no lo hacen. Algunos por absoluto y expreso desinterés y otros porque no se les facilita ni mucho menos se les alienta a que lo hagan, poniendo trabas disuasorias como la necesidad del registro previo. El caso más extremo es el de los que legalmente no tienen reconocido el voto (¿os acordáis de aquello que decíamos sobre las limitaciones al sufragio universal?), no tienen «papeles» y forman parte de esos millones de trabajadores inmigrantes, imprescindibles en el sistema, pero a los que no se les concede identidad legal.

En Madrid, el 15 de mayo de 2011, la plaza más emblemática, la Puerta del Sol, el kilómetro cero de toda España, se convirtió en una gran acampada de jóvenes que se abrían a todo aquel que quisiera escuchar o participar en un gran debate público sobre la realidad de una democracia con la que no se identificaban. Desde la plaza surgieron mensajes en los que se cuestionaba la falta de ejemplaridad de los políticos, su lejanía respecto a la ciudadanía, sus intereses espurios, su corrupción. Se les llamaba «la casta política» y, con rotundidad, se afirmó: «No nos representáis».

El 15M fue ese relámpago que la sociedad necesitaba.

Más o menos dos años después de este movimiento aparece lo que se presenta como «el partido nuevo», Podemos. Es el partido, afirman sus fundadores, inspirado en el 15M, ese movimiento de mayo de 2011. Son sus fundadores un colectivo de muy jóvenes universitarios que proponen una

> El 15M fue ese relámpago que la sociedad necesitaba.

alternativa al sistema democrático tradicional; una alternativa, dicen, a la manera tradicional de hacer política, pero, eso sí, dentro de la política, entrando en las instituciones. Responden así al reto que, en el momento álgido del movimiento 15M, les lanzaron los políticos tradicionales: «Si queréis cambiar la política, haced vosotros también política, construid un partido y presentaos a las elecciones». Cogieron el guante. En 2014 daban la campanada, irrumpiendo con cuatro parlamentarios en las elecciones europeas.

Sin embargo, solo cuatro años después de su fulgurante lanzamiento, aquel partido que quería ser diferente a todos comienza a parecerse demasiado a los partidos tradicionales. Sobre todo a los partidos clásicos de la izquierda. Pierde esa vocación de no encuadrarse en las etiquetas tradicionales de la izquierda y se alía, por el contrario, con partidos tradicionales de la izquierda histórica, a la izquierda del PSOE.

Ahora, cerca ya de cumplirse el primer cuarto del siglo XXI, algunos se plantean: ¿se puede hacer política de otra forma que no sea contando con los partidos políticos? Si los partidos políticos son imprescindibles para hacer política, ¿pueden verdaderamente pensarse y crearse partidos que sean diferentes? No parece que pueda darse respuesta clara a este interrogante.

Os digo lo que pienso. Puede que esté equivocada, pero me parece que debemos pensar en la política de otra manera, y no como juego o interacción entre partidos políticos.

Pues, ¿qué diablos es la política? Bueno, muchísimo se ha teorizado sobre lo que es. En mi opinión, la política es, sobre todo, esa actividad que hacemos para la sociedad en general, esa actividad social encaminada a transformar la realidad en que vivimos, a mejorar la vida de la gente, especialmente de los más vulnerables, que son los que más necesitan de la política, de la buena política.

En ese contexto de necesitar una actividad que incida en la realidad social o pública en la que vivimos, nos hemos acostumbrado a contar con instrumentos institucionales que asociamos de forma inevitable a la política.

Como todas las construcciones sociales, la política tiene una explicación social que nos ofrece la historia. Los partidos son esas asociaciones en las que se agrupan, por su afinidad ideológica y/o defensa de intereses, los hombres —siempre— y las mujeres —desde no hace tanto— para tener incidencia social desde las instituciones que previamente han «conquistado» mediante las elecciones. No obstante, si lo pensamos bien, sería posible organizar la participación de los ciudadanos en lo público de otra forma que no recurriendo a los partidos políticos.

En mi opinión, la política es, sobre todo, esa actividad que hacemos para la sociedad en general, esa actividad social encaminada a transformar la realidad en que vivimos, a mejorar la vida de la gente, especialmente de los más vulnerables, que son los que más necesitan de la política, de la buena política.

Antes de seguir hablando de lo que yo pienso que, en la práctica, son ahora los partidos políticos, me gustaría que leyerais lo que dijo, hace ya casi ochenta años, la gran filósofa francesa Simone Weil. Ella escribió un librito muy corto que se titula *Nota sobre la supresión general de los partidos políticos*. En ese libro, Simone dice*:

> … el primer fin, y, en última instancia, el único fin de todo partido político es su propio crecimiento, inyección sin ningún límite.
>
> Los partidos hablan, es cierto, de educación con respecto a los que han acudido a ellos, simpatizantes, jóvenes nuevos afiliados. Esa palabra es una mentira. Eso se trata de un adiestramiento para preparar un dominio mu-

* *Nota sobre la supresión de los partidos políticos*, Simone Weill (Araucaria)

cho más riguroso del partido sobre el pensamiento de sus miembros. Supongamos un miembro de un partido —diputado, candidato a diputado, o simplemente militante— que adopte en público el siguiente compromiso cada vez que examine cualquier problema político o social: me comprometo a olvidar absolutamente el hecho de que soy miembro de tal o cual grupo y a preocuparme exclusivamente por discernir el bien público y la justicia.

Este lenguaje sería muy mal recibido. Los suyos, e incluso muchos otros, le acusarían de traición. Los menos hostiles dirían: ¿por qué pues se ha afiliado a un partido confesando así ingenuamente que al entrar en un partido uno renuncia a buscar exclusivamente el bien público y la justicia? Ese hombre sería excluido de su partido cuanto menos perdería su investidura, con toda seguridad no sería elegido.

Pues la verdad es que hoy en día los partidos políticos son organizaciones muy cerradas en las que se agrupan, con direcciones autoritarias, personas de las que se valora, muy por encima de cualquier otra cualidad, principalmente la lealtad. Bonita denominación de lo que, con más propiedad, podríamos llamar obediencia ciega. Aunque parezca mentira, para algo tan trascendente como dirigir las instituciones no existe ninguna preparación previa, salvo lo que se haya podido aprender en la vida y en la práctica dentro del partido, formando parte de alguna institución o simplemente trabajando en su aparato.

EL PAPEL DE LOS PARTIDOS POLÍTICOS

Recientemente, hemos vivido en España importantes escándalos respecto a la formación de los diferentes líderes políticos. Hemos constatado cómo, en muchas ocasiones, los políticos se forman en las propias juventudes de los partidos y carecen de formación académica relevante. Y ello empieza a contemplarse como un hándicap, sobre todo cuando esos «expertos en el partido» alcanzan puestos de máxima responsabilidad. También hemos visto casos en los que, mediante subterfugios, cuando no directo engaño, se intentan soslayar esas carencias con falsos currículos. Con todo, lo que me parece más inquietante es que los dirigentes de partidos no hayan tenido una verdadera experiencia en la vida real, fuera del partido, ya sea laboral, literaria, académica, científica, etcétera. En definitiva, un conocimiento de lo ocurre ahí fuera, donde, como se dice vulgarmente, «hace mucho frío».

Resulta evidente que su endeble formación para la vida real hace que esas personas, que se profesionalizan en la política, tengan que desarrollar todas sus estrategias, o simples habilidades de lealtad para seguir siendo seleccionadas para los cuadros políticos de primera o sucesivas líneas que se abren en las instituciones tras las correspondientes convocatorias electorales en las que se haya tenido éxito. Ir o no ir en las listas electorales constituye un ser o no ser en un partido. Perder las elecciones puede implicar algo semejante a lo que ocurre en la plantilla de una empresa cuando se acuerda un ERE (Expediente de Regulación de Empleo). Y esto no es teoría. Alguien que lleva treinta años como profesional de la política, si comete el «error» de apoyar a un candidato a presidente en unas primarias de partido —que ahora empiezan a estar muy de moda—, puede quedarse en la calle si finalmente su candidato no resulta elegido. «Quedarse en la calle», entiéndase, significa no ir en las listas donde poder ser elegido y, como consecuencia, ganar un sueldo que el partido de otro modo, salvo en contadísimos casos, no puede ofrecer. Personas con responsabilidades familiares, sin más profesión durante muchos años que la política, se ven obligadas a hacer lo que sea para no quedarse en la calle. En ocasiones, incluso, paradójicamente, rompiendo lealtades y cambiando de partido.

Resulta que la estructura de los partidos se ha convertido, así, en algo que tiene que vivir fundamentalmente para el partido y no tanto para desarrollar aquellas políticas que en cada momento puedan ser necesarias. Pero no es solo eso. Es que, a pesar de la enorme complejidad de nuestro mundo y de nuestra sociedad, los partidos políticos acaban convirtiéndose en centros cerrados donde se sustentan ideologías que pontifican y que se expresan en esas posturas unánimes en los órganos parlamentarios, donde no cabe salirse de las líneas ordenadas desde las correspondientes direcciones. Los debates parlamentarios no son tales. Solo se trata de reforzar e insistir desde cada partido en sus propios postulados, resueltos y acordados al margen de los núcleos reales del debate público, que es más abierto en la sociedad civil. Así se manifiesta en los plenos del Congreso, del Senado, en las asambleas autonómicas o en los plenos municipales. Resulta penoso observar el comportamiento del Congreso, donde cada uno aplaude solo a los suyos. ¿Qué se aplaude? ¿El buen discurso, la precisión en los análisis, las propuestas que se analizan? Qué duda cabe de que a veces los argumentos de los oradores de partidos diferentes al propio son mejores o están mejor expresados o puede que hasta mantengan propuestas más razonables o adecuadas; pero eso no cuenta. Solo se trata de que cada uno de los diputados, congresistas o concejales vote, eso sí, rabiosa y entusiásticamente, únicamente a los suyos. Respecto al resto, no caben tentaciones y sí, lamentablemente, insultos, con mayor o menor vocinglería. Churchill lo expresaba con rotundidad: «Hombre, algunos discursos de la oposición hasta me han llegado a convencer. Ahora bien, a cambiar mi voto, por supuesto, nunca».

> Los debates parlamentarios no son tales. Solo se trata de reforzar e insistir, desde cada partido, en sus propios postulados, resueltos y acordados al margen de los núcleos reales del debate público, que es más abierto, en la sociedad civil.

La falta de adecuación de los partidos como instrumentos de representación política de los ciudadanos se hace eco en muchas de las reflexiones sobre el mundo en el que vivimos. Si el siglo en el que estamos se caracteriza por algo es, precisamente, por su constante cambio y evolución, donde los conceptos supuestamente seguros se están volviendo frágiles. En este contexto dinámico, cambiante, las organizaciones autoritarias y cerradas no son las más idóneas. No son las que necesitamos. Seguramente los partidos políticos, como expresión de la coincidencia de pautas generales o, mejor dicho, de objetivos estratégicos, podrían seguir siendo convenientes, pero tienen que cambiar, tienen que abrirse a la sociedad civil, que por otro lado tiene que aumentar su actividad y movilización.

Los partidos han de desarrollar estructuras mucho más abiertas, ágiles y flexibles, Por ejemplo, ¿por qué no poder pertenecer a varios partidos? O, ¿por qué no cabría pertenecer o simplemente adherirse solo a algunos aspectos de los contenidos ideológicos de uno u otro partido?

Pero, aun hay más. Ahora mismo en el mundo se están ensayando ya nuevas formas de participación política. No solo tienen que ver con la participación digital de todos y cada uno de los ciudadanos en las políticas públicas a través de los correspondientes formatos y redes de participación. Estos, por supuesto, son importantes y abren puertas, aunque aún no podamos ver con amplitud y claridad sus aportaciones. Me resulta apasionante la posibilidad de que los propios ciudadanos puedan proponer disposiciones legales directamente, sin recurrir a la pesadísima fórmula de la disposición constitucional de la iniciativa legislativa popular.

NUEVAS FORMAS DE PARTICIPACIÓN POLÍTICA

Y todavía, de nuevo, hay más. Recientemente se ha recurrido ya a la representación política de personas elegidas directamente por sorteo para decidir o evaluar políticas públicas. El politólogo belga David Van Reibrouck, en su libro *Contra las elecciones. Cómo salvar la democracia**, hace reflexiones y narra experiencias piloto muy sugerentes de esta nueva manera de configurar una democracia participativa a través de la designación directa, por métodos aleatorios, de ciudadanos de todos los segmentos sociales. En el fondo, se parece a lo que ya estaba institucionalizado en muchos países en el jurado popular, con sus luces y sus sombras.

La asamblea de ciudadanos creada en Irlanda fue determinante en el debate para la legalización del aborto. Esta asamblea de ciudadanos está formada por 99 miembros elegidos por sorteo, representativos de los diversos estratos de la sociedad irlandesa.

En estos años, Irlanda está siendo pionera en democracia participativa y deliberativa en Europa. El debate

---

* *Contra las elecciones*, David Van Reibrouck (Taurus).

político en Irlanda en estos momentos pasa por esa asamblea de ciudadanos (The Irish Citizens' Assembly /An Tionól Saoránach). Constituida el 15 de octubre de 2016 bajo la presidencia de la juez del Tribunal Supremo, Mary Laffoy, única asambleísta designada por el Gobierno, la asamblea de ciudadanos ha debatido a instancia del Oireachtas (Parlamento bicameral de la República de Irlanda) sobre asuntos relevantes, como el envejecimiento de la población, los referendos, el cambio climático y el aborto*. Sus deliberaciones son retransmitidas en directo por internet. Los 99 miembros y los 99 sustitutos han sido elegidos por sorteo atendiendo a la representatividad de las variables demográficas reflejadas en el censo (género, edad, localidad y extracción social) mediante un encargo a la empresa demoscópica Red C, que ganó el concurso público. Los asambleístas no reciben ningún sueldo, solo se pagan dietas y se cubren sus gastos.

Quizá estemos abriendo una nueva etapa. Quizá estos ejemplos sean solo el inicio de una nueva democracia en la que «sí nos representen», en la que el ciudadano sea una parte más esencial y los partidos e instituciones ten-

---

* https://innisfree1916.wordpress.com/2017/12/26/irlanda-un-paso-mas-hacia-la-despenalizacion-del-aborto/

gan que reconvertirse en instrumentos de verdad útiles y pertinentes. Para ello tenemos la misión, también nosotros como ciudadanos, de prepararnos y exigirnos una mayor actividad y un menor letargo.

MUJERES ASESINADAS Y MENTIRAS

■

Este dibujo lo hizo Laura Luelmo antes de ser asesinada. Un homenaje para ella

En el año 2003 en España se comenzó a llevar una estadística de las mujeres que habían muerto asesinadas por violencia de género. Esta fecha, que podría parecer aleatoria, no lo es, sino que se corresponde con el crecimiento exponencial de la importancia que socialmente se le ha dado a la violencia hacia las mujeres porque, aunque hoy nos parezca extraño, hasta hace bien poco tiempo, la violencia contra la mujer, lejos de ser considerada un problema de Estado, era considerada algo cuasi normalizado.

Pues bien, desde entonces, en apenas 16 años, han sido asesinadas 1024* mujeres solo en España por el hecho de ser mujeres. Son tantas, son tantísimas, que da escalofríos pensar en ello. ¿Qué pasaría si se hubiese asesinado desde esa fecha a 1024 profesores, políticos, jueces o médicos?

La organización terrorista ETA fue inmensamente cruel y provocó en nuestro país una situación aterradoramente difícil. El número de personas asesinadas por esta organización terrorista fue de 853 durante toda su existencia. Terrible, sin duda. Pero qué decir si la comparamos con esta cifra de mujeres asesinadas, todo ello sin contar a las que no han sido

---

* En el proceso de edición de este libro tuvimos, desgraciadamente, que cambiar varias veces esta cifra, que corresponde al número de víctimas a fecha del 22 de octubre de 2019.

matadas por sus parejas o similar —a lo que se refiere la Ley de Violencia de Género de 2004—, sino por sus violadores que,

> ¿Qué pasaría si se hubiesen asesinado desde esa fecha a 1016 profesores, políticos, jueces o médicos?

en ocasiones suelen asesinar a la mujer violada para que no haya testigos del crimen. Realmente es aterrador.

Por supuesto que la sociedad y el Estado, a través de los gobiernos, tanto centrales como autonómicos y municipales, no han dejado de promover leyes y planes para intentar erradicar esta monstruosidad, pero tenemos que reconocer que hasta ahora no han tenido mucho éxito. Hay que seguir buscando alternativas, y para esto resulta imprescindible conocer bien lo que sucede y por lo que sucede.

Como con cualquier otro problema, necesitamos tener buenos diagnósticos de esta horrible lacra social y para eso necesitamos datos. Datos seguros y claros.

LOS JÓVENES Y LA VIOLENCIA MACHISTA

¿Os preocupa a los jóvenes la violencia machista?

Leo en alguna encuesta que en general sí, pero que sin embargo hay algo más del 27 % de jóvenes que piensan, que pensáis, que es algo inevitable, que siempre ha pasado y que seguirá pasando.

Es muy sorprendente que los jóvenes acepten este horror con una cierta resignación.

Además, desde hace un par de años ha aparecido una corriente de opinión muy centrada en la extrema derecha política que pretende negar el concepto en sí de lo que significa la violencia de género o violencia machista y lo reducen a lo que ellos denominan «violencia familiar». Se pretende así normalizar la violencia de los hombres contra las mujeres para incluir esa conducta como otra actividad delictiva más de las que inevitablemente se producen en todas las sociedades.

Estas afirmaciones, aparte de basarse en datos que no son ciertos, propugnan una idea muy perjudicial para la humanidad y su desarrollo: la inevitabilidad de este tipo de violencia.

La violencia interpersonal, es decir, aquella que ejercen unas personas contra otras, no es ni mucho menos inevitable. Nelson Mandela lo dijo de una manera muy bella en el prólogo del primer estudio que la Organización Mundial de la Salud elaboró sobre violencia interpersonal*:

---

* *Informe mundial sobre la violencia y la salud*, Organización Paramericana de la Salud para la Organización Mundial de la Salud (OMS), 2002.

Muchas personas que conviven con la violencia casi a diario la asumen como consustancial a la condición humana, pero no es así. Es posible prevenirla, así como reorientar por completo las culturas en las que impera. En mi propio país, y en todo el mundo, tenemos magníficos ejemplos de cómo se ha contrarrestado la violencia. Los gobiernos, las comunidades y los individuos pueden cambiar la situación.

Y de nuevo los datos están ahí; los índices de violencia en unos u otros países varían muchísimo, pues vemos, por ejemplo, que en México el índice de muertes violentas por habitante es de 25 por 100 000 habitantes, mientras que el índice de violencia en España es de 0,07 por 100 000 habitantes.

La violencia no es inevitable. Se combate. Se aprende a combatirla como se aprendió y se consiguió erradicar tantas otras plagas que ha sufrido la humanidad, como por ejemplo el analfabetismo o la ausencia de higiene.

Políticos del partido Vox niegan las cifras de la violencia de género. Las tildan de falsas o, cuanto menos, de exageradas. Alegan que hay un número muy importante de hombres asesinados por mujeres que se silencia. Pues bien, esto no es verdad.

LOS DATOS Y LA MENTIRA EN LA POLÍTICA

Vivimos un momento en el que de forma incomprensible parece que todos hemos aceptado que en política se miente, que los políticos mienten. La mentira sería algo así como una especie de enfermedad profesional de la política.

> La violencia no es inevitable. Se combate. Se aprende a combatirla como se aprendió y se consiguió erradicar tantas otras plagas que ha sufrido la humanidad, como por ejemplo el analfabetismo o la ausencia de higiene.

Mejor dicho, aún peor: simplemente un atributo necesario para el ejercicio de la política.

En el Ayuntamiento de Madrid, mientras yo he sido su alcaldesa, recibimos y escuchamos a muchos niños. Un ayuntamiento responsable que pretende mejorar la vida de sus ciudadanos debe preocuparse, y mucho, precisamente de un colectivo como el que forman los niños. Los niños no votan, pero su vida puede verse afectada por decisiones de la ciudad que influyen en su futuro. He presidido en muchas ocasiones lo que se llama los «Plenos de los Niños».

En los Plenos de los Niños, que se convocan varias veces al año, los niños actúan como si fueran concejales del Ayuntamiento. Proponen los problemas o las cuestiones que les preocupan. En uno de esos «plenos» un niño de unos 10 años, con una mirada de inteligencia profunda, levantó su manita e hizo la siguiente pregunta: «Digo yo —dijo—, si nosotros los niños nos examinamos para comprobar lo que sabemos, ¿por qué los políticos no se examinan también para ser buenos políticos?». Quizá no sea descabellada la idea.

En otra ocasión en la que acudieron varios colegios al ayuntamiento para participar en un desayuno saludable, cuando les explicábamos lo que era un ayuntamiento, otro niño preguntó con toda espontaneidad por qué los políticos mentían siempre.

La distancia afectiva y de índole moral entre los políticos y los ciudadanos es enorme. Y cuando esta distancia está ya en la mirada de los niños, el problema que tenemos es muy grave, pues esa distancia va a ser el marco de referencia en el que se van a consolidar los valores y los desvalores de su formación.

La sociedad no puede aceptar una clase política sin formación alguna en algo tan trascendente como la ética de su actuación pública. No podemos aceptar a políticos a los que no se les haya enseñado a respetar a los ciudadanos. La mentira no puede ser lo habitual en el comportamiento de los dirigentes de los gobiernos, sean municipales, autonómicos o estatales. Los políticos no pueden ser unos mentirosos.

En la vida social y profesional no se admite la mentira. Pensemos en una empresa o en una organización cualquiera en la que todo el mundo aceptara que mentir es algo habitual. ¿Os imagináis un profesor que mintiera abiertamente en sus clases o un ingeniero que mintiera sobre sus proyectos o sus obras, o un empresario que mintiera abiertamente a sus proveedores? La mentira falsea la realidad, por lo que no puede ser una manera eficaz de analizar y proyectar política alguna.

> La sociedad no puede aceptar una clase política sin formación alguna en algo tan trascendente como la ética de su actuación pública. No podemos aceptar a políticos a los que no se les haya enseñado a respetar a los ciudadanos.

Pero además, quien miente de forma sistemática evidencia una enorme inmadurez de carácter que hace que no sea apto para la política. La mentira es una falta de lealtad y consideración a la persona a la que mentimos. La engañamos, lo que significa que no la consideramos como nos consideramos a nosotros mismos.

Cuando mentimos despreciamos a quien engañamos. La mentira de los políticos da mucho que pensar y que reflexionar.

Uno de los aspectos a tener en cuenta en el mentiroso es la cobardía. Muchas veces no nos atrevemos a decir la verdad porque, precisamente, la verdad nos obliga a dar explicaciones sobre nuestra conducta o sobre la de otros, y eso, en el caso de los políticos puede acarrear reproches, censuras y/o pérdida de votos.

El mentiroso es inmaduro, pues es evidente que las personas completas y formadas deben tener el talante necesario para asumir las consecuencias de sus actitudes. Por eso enseñamos a los niños, a nuestros niños, a que no mientan; y por eso vemos cómo van madurando y haciéndose mayores. Aprenden a no mentir o, bueno, en el peor de los casos, aprenden a mentir bien.

Los niños pequeños mienten con una desfachatez divertida. Me contó mi hermana mayor que cuando yo tenía unos cuatro años (ella me lleva diez) mi madre me pilló pintando en la pared del cuarto de estar y que yo, como si la cosa no fuera conmigo y aunque me habían pillado *in fraganti*, protestaba diciendo que yo no había sido.

Pues bien, os tengo que confesar que, a lo largo de mi vida me he encontrado con políticos que mienten verdaderamente así, como si fueran niños, negando la evidencia sin el menor cargo de conciencia. No sé si es porque, efectivamente, está tan asumida la mentira en el discurso político que parece que el que habla, a pesar de que es evidente que no dice la verdad, se cree su propia mentira a pies juntillas.

DIAGNÓSTICO DE LA VIOLENCIA DE GÉNERO

Después de esta reflexión, vuelvo a nuestro tema y a la aseveración que hacía: no son ciertas las afirmaciones de miembros de los partidos de extrema derecha que dicen que también hay un número importante o similar de asesinatos de hombres ocasionados por mujeres.

Los datos que tenemos que analizar son estos:

a) Datos internacionales, entre otros los de la Organización Mundial de la Salud en sus informes de 2005 y de 2015.

b) Datos nacionales, es decir, los que proceden del Instituto Nacional de Estadística, los datos de la Policía, los de la Fiscalía y los del Consejo General del poder Judicial.

Todos ellos son claros. Son los hombres los que, de forma mayoritaria, matan a las mujeres. Las mujeres que matan a hombres no llegan a un 7 %. Y en muchas ocasiones se confunden con algunos casos de parricidios (generalmente debidos a graves problemas psiquiátricos).

¿Y ESTO POR QUÉ PASA?

En España, en el año 2004, se promulgó la primera ley contra la Violencia de Género. En ella se define bien lo que significa:

[La violencia de género] se manifiesta como el símbolo más brutal de la desigualdad existente en nuestra sociedad. Se trata de una violencia que se dirige sobre las mujeres por el hecho mismo de serlo, por ser consideradas, por sus agresores, carentes de los derechos mínimos de libertad, respeto y capacidad de decisión. La Organización de Naciones Unidas en la IV Conferencia Mundial de 1995 reconoció ya que la violencia contra las mujeres es un obstáculo para lograr los objetivos de igualdad, desarrollo y paz, y viola y menoscaba el disfrute de los derechos humanos y las libertades fundamentales. Además la define ampliamente como una manifestación de las relaciones de poder históricamente desiguales entre mujeres y hombres.

> Son los hombres los que, de forma mayoritaria, matan a las mujeres. Las mujeres que matan a hombres no llegan a un 7%.

Sí, está admitido de forma unánime que la desigualdad de la mujer en relación con el hombre es la causa fundamental de la violencia de género, aunque, como luego veremos, esta desigualdad hoy en día comporta nuevos fenómenos a tener en cuenta.

Sin perjuicio de sociedades históricas en las que ha habido sistemas sociales basados en lo que se llama «el matriarcado», en general y a lo largo de la humanidad la mujer no ha tenido un estatuto de independencia e igualdad en relación con los hombres, con los varones.

Probablemente por el hecho de tener los varones, los hombres, una mayor masa muscular, han ejercido a lo largo de la historia el protagonismo de la violencia física y quizá por eso mismo, y de una forma u otra, consideraron a las mujeres seres inferiores sometidos a ellos.

Hay infinidad de testimonios históricos que llegan a nuestros días y nos indican hasta qué punto la mujer ha sido considerada inferior y ha quedado sometida al hombre.

Hace mucho tiempo encontré en la librería de mi madre un libro titulado *El decenio crítico**. Este libro, escrito por alguien que se denominaba a sí mismo como un consiliario de la Acción Católica, mantenía —y esto lo decía

---

* *El decenio crítico. La política y la guerra en el País Vasco entre 1930 y 1940*, Daniel Mugarza Mecolalde, Loroño, Oñate, 1974.

en 1939, la fecha en la que se editó el libro por vez primera— que la mujer realmente era un intermedio entre el hombre y el niño.

LA MUJER «MENOR DE EDAD»

La mujer ha sido considerada menor de edad en todos los aspectos de la vida y eso explica que durante mucho tiempo fuera visto como legítimo el derecho de los hombres a castigar físicamente a la mujer como una expresión brutal de la corrección del padre, el amo, el jefe o el maestro. La violencia como manera de educar, la máxima pedagógica que se prodigó durante mucho tiempo de «la letra con sangre entra».

Hoy en día sabemos que el sufrimiento y la represión es lo más inadecuado para aprender, pero ahí está; no olvidemos que esta pedagogía del dolor está en la historia.

El libro de Fray Luis de León *La perfecta casada* fue durante muchísimos años un icono de lo que debía ser el comportamiento de las mujeres casadas. Y ahí precisamente, en este libro clásico que formó a tantas y tantas generaciones de mujeres, Fray Luis de León nos dice que las mujeres tienen que aguantar los malos tratos. Fijaos qué párrafo:

> Que por más áspero y de más fieras condiciones que el marido sea, es necesario que la mujer le soporte, y que no consienta por ninguna ocasión que se divida la paz. ¡Oh, que es un verdugo! ¡Pero es tu marido! ¡Es un beodo! Pero el ñudo matrimonial le hizo contigo uno. ¡Un áspero, un desapacible! Pero miembro tuyo ya, y miembro el más principal. Y, porque el marido oiga lo que le conviene también: la víbora entonces, teniendo respecto al ayuntamiento que hace, aparta de sí su ponzoña, ¿y tú no dejarás la crudeza inhumana de tu natural, por honra del matrimonio?

Al leer un texto de estas características quizá nuestra primera reacción sea la de pensar que estamos ante un bárbaro, un ser irracional y cruel que aconseja a las mujeres que aguanten los malos tratos de sus maridos. Pero no, esto no es así. Se trata de Fray Luis de León, un intelectual, un poeta, un literato de nuestro siglo XVII de una calidad extraordinaria. Podemos incluso releer alguno de sus poemas con gusto. Entonces, ¿cómo es posible, por tanto, que una persona así pudiera tratar a la mujer casada con esa terrible insensibilidad y falta de compasión?

Fray Luis de León escribió este libro seguramente convencido de que ayudaría a ordenar —a protocolarizar, diríamos hoy— las relaciones de las mujeres casadas. Pero lo hizo, como no podía ser de otra forma, desde esa profunda consideración de la inferioridad de la mujer que se tenía en la época.

MUJERES PIONERAS Y HOMBRES VISIONARIOS

Cuando pienso en España tengo presente a grandes mujeres feministas y pioneras como Carmen de Burgos, la primera periodista, o Concepción Arenal y Emilia Pardo Bazán, las dos grandes intelectuales gallegas.

Últimamente he leído una muy interesante biografía de una de ellas, la de la escritora Emilia Pardo Bazán.

Me gusta mucho profundizar intensamente en las biografías de todas aquellas mujeres que nos precedieron. Cuando leo, suelo reflexionar sobre algunos datos que aparecen y que me abren nuevos caminos. Eso antes era más difícil, pero ahora que tenemos la maravilla de poder consultar con un clic todo un mundo de conocimiento, ese afán de tirar del hilo de los libros es apasionante.

Bueno, pues al releer la biografía de Emilia y relacionarla con la de Concepción Arenal, me llamó la atención mucho el hecho de que ambas hubieran concurrido a un concurso literario en el mismo año sobre la figura de otro intelectual, este del siglo XVIII: el padre Feijoo.

«¿Quién diablos es el padre Feijoo?», me pregunté. Abrí la página de la Wikipedia y me encontré con que, precisamente, dentro de uno de los libros más importantes de este autor, *Teatro Crítico Universal,* había un discurso, el 16, dedicado a la defensa de las mujeres. Entendí entonces por qué las dos grandes escritoras, Concepción y Emilia, se habían interesado por la figura del sacerdote agustino.

El padre Feijoo se atrevió en aquel momento a plantear con una gran valentía una tesis contraria a la que era entonces la habitual: que las mujeres eran iguales a los hombres. Es tan interesante el texto que me parece importante que lo conozcáis directamente.

El padre Feijoo recoge lo que parece que era una aceptación generalizada en el siglo XVIII: que las mujeres éramos seres imperfectos. Comienza el texto intentando esclarecer por qué se considera a las mujeres inferiores a los hombres, aceptando como punto de partida la tesis mayoritaria en aquel momento de las enormes ventajas de lo que él llama «la robustez de los varones», de los que nos dice que son los que aportan al mundo «esencialísimas utilidades»: la guerra, la agricultura y la mecánica.

La robustez de los hombres trae al mundo esencialísimas utilidades en las tres columnas que sustentan toda república: guerra, agricultura, y mecánica. De la hermosura de las mujeres, no sé qué fruto importante se saque, sino es que sea por accidente. Algunos la argüirán de que bien lejos de traer provechos, acarrea gravísimos daños en amores desordenados que enciende (…)

Pasando de lo moral a lo físico, que es más de nuestro intento, la preferencia del sexo robusto sobre el delicado se tiene por pleito vencido, en tanto grado, que muchos no dudan en llamar a la hembra animal imperfecto, y aun monstruoso, asegurando que el designio de la naturaleza en la obra de la generación siempre pretende varón, y solo por error o defecto, ya de la materia, ya de la facultad, produce hembra.

Todo esto que leemos con sorpresa nos vale para tener muy clara la valoración de las mujeres a largo de la historia. Y si esto es así en nuestra cultura occidental, qué no decir de otras culturas donde sabemos que a las mujeres les está privado todavía hoy en día el derecho a la educación, el derecho a su propia imagen, su desarrollo integral o incluso su cuerpo. Como ejemplo, podemos recordar que hace solo unos pocos meses algunas mujeres de los Emiratos se «atrevieron» a conducir. Parece casi imposible pensar que por ser mujer se prohíba algo tan común como conducir, pero así es.

Por eso tiene razón Naciones Unidas, y la tiene también la descripción que hace nuestra ley contra la Violencia de Género al decir que es precisamente la desigualdad a la que ha estado sometida históricamente la mujer la esencia de la violencia de género.

IGUALDAD Y VIOLENCIA

La violencia de género o violencia machista, por tanto, no es una violencia sin más, sino que parte también de esa dramática concepción de la mujer como ser inferior e incompleto.

Por eso es tan importante tener claro ahora lo que significa, y distinguirla del resto de violencias, incluso de las que se pueden producir entre otros miembros de la familia.

Hay que reflexionar sobre las causas últimas por las que ahora, en pleno siglo XXI, cuando la igualdad entre los hombres y las mujeres —se ha conseguido— sobre todo en la sociedad occidental sigue existiendo violencia de género. Y lo que es aún más preocupante, que precisamente en países donde las mujeres hemos alcanzado unas importantes cotas de igualdad, como es el caso de España, la violencia sigue siendo un problema muy acusado, no sé si igual o mayor que en otros menos avanzados en igualdad. Me gustaría poder hacer esta afirmación con su rotunda verificación en los datos internacionales sobre la violencia de género, pero es difícil. Uno de los grandes problemas a los que se enfrenta concretamente la violencia de género es que en muchos países europeos y latinoamericanos no se hace un seguimiento del tenor del que hacemos aquí en España.

Esa igualdad de la que hablamos en el caso de nuestro país ha sido una conquista del feminismo. Pero precisamente su llegada ha cambiado el mundo y ha creado una inevitable confrontación social.

Quizá tenga que ver esto, de una manera paradójica pero a la vez lógica, con que en los países con más igualdad haya más confrontación, que a su vez genera violencia machista.

> Esa igualdad de la que hablamos en el caso de nuestro país ha sido una conquista del feminismo. Pero precisamente su llegada ha cambiado el mundo y ha creado una inevitable confrontación social.

EL FEMINISMO

Es el feminismo uno de los movimientos más

interesantes que ha venido desarrollándose en el mundo moderno. Se desarrolló de una manera atomizada a lo largo de los siglos y de una manera mucho más sistemática en torno al siglo XIX. Su propósito esencial es la lucha por conseguir que se reconozca en las leyes la igualdad de derechos entre los hombres y las mujeres y que esa legalidad sea real y cierta.

Este movimiento, a diferencia de otros movimientos históricos como el de la clase obrera, el de las reivindicaciones de las libertades civiles o el de la descolonización, ha sido esencialmente pacifista. Las mujeres no nos hemos armado para luchar por nuestros derechos, no hemos creado ejércitos, nunca hemos usado la violencia por sistema.

El feminismo ha tenido un contenido estético enormemente atractivo y ha pretendido siempre convencer. Y lo ha conseguido, o mejor dicho, si pensamos en el mundo en general y no solo en la sociedad occidental, lo está consiguiendo.

Hoy en día, no solamente la Declaración Universal de los Derechos Humanos, sino prácticamente la mayor parte de textos legales de la cultura occidental y alguno de otras culturas, reconocen la igualdad de derechos de las mujeres en relación con los hombres.

Este gran logro histórico ha sido importantísimo. Y lo ha sido no solo por lo que significa, sino también por la forma en que se ha hecho. El cómo permite constatar que las mujeres como colectivo, o mejor dicho, que la cultura de las mujeres, ha sido capaz de conseguir en estos dos últimos siglos el reconocimiento de sus derechos de forma diferente. Y esto ha provocado un cuestionamiento legítimo de la cultura de la violencia.

La cultura de la violencia proviene de esa prepotencia de conseguir por la fuerza lo que se quiere sin intentar obtenerlo por la aceptación, el convencimiento, la seducción y la empatía. La cultura de las mujeres ha surgido del papel que les asignó la historia. Las mujeres han estado relegadas a la maternidad y al cuidado de sus hijos. Esto las ha aproximado más al hecho mismo de la vida y las ha alejado de la violencia.

Al llegar la mujer a la igualdad, al acceder a las profesiones y trabajos masculinos poco a poco, ha ido cuestionando la masculinización de la vida y ha feminizado lo público cargándolo de domesticidad. Esta manera nueva de ver la sociedad es aún muy incipiente, pero evidencia la existencia de esa cierta confrontación entre dos maneras de ver la vida, la sociedad, el mundo.

> La cultura de la violencia proviene de esa prepotencia de conseguir por la fuerza lo que se quiere sin intentar obtenerlo por la aceptación, el convencimiento, la seducción y la empatía.

Pienso en mí misma. Cuando era magistrada y dirigía el tribunal hacía lo imposible por asegurar que las sesiones de los juicios concluirían a una hora determinada. ¿Por qué? Pues porque cuando tienes hijos necesitas organizar tu tiempo mejor. Te necesitan, dependen de ti. Sabes a la hora que salen del colegio, a la que llegan en el autobús escolar... Los quieres ver.

Por supuesto que cada vez hay más padres que también quieren tener tiempo para estar con sus hijos, pero somos nosotras las que, desde el feminismo, hemos cuestionado la prepotencia de lo profesional. Claro que lo profesional es importantísimo, pero también es importantísimo lo doméstico, lo personal, los padres, los niños, las amistades. Los horarios son clave para hacer compatibles la vida profesional y doméstica.

Analizo una encuesta que se os ha hecho a los jóvenes. Dice que habláis más con vuestras madres que con vuestros padres, que ellas están más en casa.

Estoy segura de que muchos de vosotros tenéis ya madres trabajadoras y sabéis cómo ellas han tenido que multiplicar su vida para atender a todas sus responsabilidades.

La reivindicación de los horarios profesionales compatibles con la vida doméstica es una reivindicación femenina. Concretamente esa forma de actuar en lo público de manera distinta a la tradicional, genera una inevitable confrontación entre una y otra forma de entender la vida.

No se trata con esto, ni muchísimo menos, de condenar en general lo que podemos llamar «la cultura tradicional masculina»; simplemente decimos que las mujeres tenemos una manera diferente de actuar, de pensar y también de resolver los conflictos.

LA JUNTA DE DAMAS

Hay muchos hitos históricos que nos permiten contemplar con orgullo las conquistas del feminismo.

Pienso ahora, por ejemplo, en lo que significó que en 1787 se constituyera en España, en Madrid, lo que se llamó la Junta de Damas.

Como sabemos, se había constituido en 1775 la Sociedad matritense de Amigos del País, que tenía por objeto agrupar a todos aquellos intelectuales y profesionales de la época que quisieran ayudar a mejorar la España decadente de aquellos años.

Allí estuvieron Jovellanos, Campomanes… Es decir, lo mejor de lo mejor del momento. Pues bien, las mujeres —fundamentalmente esposas, madres y hermanas de aquellos— quisieron formar parte de esa sociedad, pero no fue nada fácil. Hubo debates, posiciones favorables y posiciones encontradas, pero las mujeres no dejaron de insistir hasta que finalmente lo consiguieron. Pudieron entrar, pero de una manera marginal. Debían tener su propio apartado, así que se constituyó la Junta de Damas.

Damas destacadas de aquella época, como la duquesa de Osuna, se lanzaron con entusiasmo, desde sus propias perspectivas teóricas, económicas y culturales a aportar sus ideas para mejorar el país.

La Sociedad de Amigos del País realizó estudios que tuvieron una trascendencia incuestionable en la transformación de España, como los estudios sobre la necesidad de una reforma agraria. La Junta de Damas lo hizo de otra manera. A todas esas mujeres, esposas, hermanas y madres aristócratas de aquella época les pareció que lo más importante era evitar que murieran la mayor parte de los bebés que se abandonaban entonces en la Inclusa de Madrid.

En el siglo XVIII los niños eran muy frecuentemente abandonados en los hospicios públicos y las mujeres de aquella primera Junta de Damas pensaron que su objetivo fundamental era, sobre todo, el de evitar la muerte de tantísimos niños.

Es muy emocionante pensar en cómo todas aquellas señoras, a quienes vemos retratadas por los pintores de la época con sus miriñaques y complicadas pelucas, se pusieron a trabajar e hicieron todo lo que se les ocurrió para mejorar las condiciones de la inclusa de Madrid.

Intentaron racionalizar el servicio de las nodrizas, que resultaban entonces absolutamente imprescindibles para amamantar a tantos bebés y, como no tenían las que precisaban, se dirigieron nada menos que a todas las cancillerías europeas para pedir información sobre métodos alternativos para alimentarlos.

Llegaron a algunas soluciones que ahora nos parecen verdaderamente pintorescas y que, por supuesto, no consiguieron lo que pretendían, pero también, entre tanta información, llegó desde Viena un instrumento que se convertiría en algo absolutamente determinante para nuestra sociedad actual: el biberón.

En las actas de las reuniones de la sociedad aparece el dibujo de aquel biberón que pretendía evitar tantísima mortandad. ¿Fueron ellas las que trajeron el biberón a España?

Parece ser que esta primera sociedad de mujeres tuvo éxito en su función y consiguió disminuir la mortandad de todos esos niños. Pero de ello nos beneficiamos todos. Se benefició el mundo al constatar que, ya desde ese remoto antecedente, la manera de hacer política de las mujeres podía ser diferente: proponer reformar pero sin descuidar la realidad de la vida cotidiana y recalcando el valor de la vida en sí misma.

CARMEN DE BURGOS

Como ya he comentado antes, es en 1935 cuando se reconoce el derecho de las mujeres a votar. Pero este reconocimiento vino precedido de toda la labor de convicción que fue el instrumento de lucha que utilizó el feminismo. Labor que llevaron a cabo mujeres como Carmen de Burgos.

Carmen de Burgos, conocida también con el seudónimo literario de «Colombine», es una mujer extraordinaria y, por desgracia, poco conocida en nuestro país.

Nació en Almería en el año 1867. Se casó con un periodista, de quien aprendió el oficio y después acabó separándose. Llegó a Madrid y trabajó en el periódico *El Imparcial*. En 1923 decidió, rompiendo todo tipo de moldes, hacer una primera encuesta entre los lectores del periódico para, precisamente, reivindicar el derecho de las mujeres a votar.

Además de este episodio, fue una mujer singular que hizo de su propia vida todo un modelo de independencia. Se enamoró del escritor César González Ruano, que era veinte años más joven que ella. Vivieron juntos sin casarse durante más de quince años. Mujer feminista, audaz, que, junto con tantas otras, fue tejiendo el cambio cultural que permitió que, efectivamente, Clara Campoamor pudiera conseguir que en 1935 se declarara el derecho de todas las mujeres a votar.

LA IGUALDAD HOY

Como he comentado antes, cada vez se está evidenciando más en nuestra sociedad que existen dos maneras diferentes de concebir el mundo social y profesional, y también —y de una forma enormemente trascendente— la pareja o el matrimonio.

Es necesario abordar con profundidad si esa manera de entender el mundo a partir de la igualdad y la paridad entre hombres y mujeres tiene incidencia en nuestra concepción de la pareja. Para enfrentarnos ahora a qué es lo que realmente debemos hacer para acabar con esa insoportable violencia, tenemos que ser conscientes de que es ahí, en ese campo íntimo de la pareja, donde se desata esta terrible lacra.

En todos los debates que surgen sobre a este tema siempre aparece una idea clara que resulta difícil de rebatir: solamente se puede trasformar esa confrontación entre las dos diferentes maneras de actuar en lo público y lo privado a través de la educación. De ahí que haya tanta preocupación y que sea tan importante el que seáis los jóvenes quienes lideréis la transformación y os sintáis aludidos.

> Es necesario abordar con profundidad si esa manera de entender el mundo a partir de la igualdad y la paridad entre hombres y mujeres tiene incidencia en nuestra concepción de la pareja.

Los datos estadísticos nos indican que hay un alarmante perfil de violencia de género entre adolescentes y jóvenes. Parece que los planteamientos machistas de padres y abuelos se reencarnan entre los jóvenes y sigue siendo difícil asumir los nuevos modelos de las relaciones de pareja.

Una parte importante de los más de 1024 asesinatos de mujeres viene precedida por una falta de aceptación del hombre del proceso de pérdida, separación o divorcio.

Recojo aquí algunos conceptos que aparecen en las sentencias en las que los magistrados condenaron a los acusados por asesinato de violencia de género: «negativa a la desaparición del amor», «negativa a la pérdida», «posesión», «fidelidad» son palabras que forman parte de una concepción tradicional de la pareja anclada en una ideología machista, pero que es compartida por hombres y mujeres.

EL AMOR Y LA PAREJA

El amor, su consolidación en una pareja, el sentirse dichoso en ella, es sin duda una de las grandes aspiraciones de hombres y mujeres en nuestra sociedad. Sin embargo, resulta curioso que algo tan importante para todos esté conceptualmente tan poco claro.

Las bellísimas palabras que han descrito el amor a lo largo de la historia y la literatura nos indican hasta qué punto el encuentro de dos seres humanos fruto de una fortísima atracción y deseo provoca un placer y una felicidad inmensos. El amor, mientras provoque el entusiasmo por la atracción y el deseo, es un factor de la felicidad humana incuestionable. Pero, dicho esto, hay que saber que ese gran sentimiento no constituye por sí mismo la garantía de una pareja estable.

Ninguno ni ninguna somos media naranja de nadie. El amor romántico es solo una aportación social de hace siglo y medio.

El matrimonio fue durante siglos un negocio. Es fácil constatarlo cuando se estudian las distintas regulaciones legales que sobre el matrimonio existen y que nos pueden proporcionar, incluso hoy en día, verdaderas sorpresas como que aún en nuestro Código Civil actual figure la indemnización económica posible cuando alguien incumple la promesa de contraer matrimonio.

Carmen Martín Gaite —que además de sugerente novelista fue una ágil y brillante historiadora— escribió un delicioso libro titulado *Usos amorosos del dieciocho en España*. En este libro se evidencia cómo, a pesar de la estricta moral religiosa al uso, la sociedad había aceptado una figura un tanto singular, que era una especie de amante consentido al que llamaban «el cortejo». El cortejo resultaba deseable, pues era evidente que el matrimonio nada tenía que ver con el amor o el deseo, sino que era solo negocio.

El amor romántico incorporó el anhelo de la unión indisoluble que se expresó en el generalizado tópico de la media naranja. Pero no, no hay media naranja. Ninguno podemos ni debemos ser mitad en nada. Todos somos un todo.

Cuando las personas se aman, cuando un hombre y una mujer se aman, cuando dos hombres o dos mujeres se aman, se plantean, en muchos casos, una consolidación de la pareja, y convertirse en una familia como consecuencia de su amor.

En estos cuatro años de alcaldesa he celebrado, y con mucho gusto, muchos matrimonios civiles. Son ahora en España más frecuentes que los religiosos. Me gusta convertirlos en actos bellos y darles solemnidad, pues entiendo que eso es lo que buscan los contrayentes. En todo caso, normalmente, los funcionarios que se encargan de organizarlos hablan con los interesados y se diseña el acto, cuidando la música o las intervenciones de los familiares, testigos y amigos.

Los matrimonios civiles en el Ayuntamiento de Madrid se celebran en sitios singulares, algunos preciosos, como los que se organizaban en los jardines de Cecilio Rodríguez.

Por eso, cuando he celebrado esos matrimonios, he procurado participar en ese marco emocional y trascendente que se busca.

Siempre me gustaba, al comenzar el acto, explicar con sencillez que las instituciones que formalizan el matrimonio —el Ayuntamiento, el Registro Civil o los notarios— deben, sobre todo, respetar la idea o la concepción que del amor, sus derechos y obligaciones, tengan cada una de las parejas. Es decir, lo esencial en este acto, en mi criterio, es permitir que sean los propios contrayentes los que formalicen, formateen o protocolicen el tipo de amor que ellos quieran configurar, el tipo de pareja que quieran ser, pues no debemos olvidar que hay muchas y diferentes maneras de amarse y, por tanto, de configurar ese amor.

Les decía a los que se casaban y ahora os lo digo a vosotros, los jóvenes, que tenemos la enorme dicha de vivir en un marco social extraordinariamente tolerante y libre que nos tiene que permitir elegir el tipo de pareja que queremos ser, el tipo de consolidación de nuestro amor por el que queremos apostar.

Pero, dicho esto, también añadía en la protocolización de esos matrimonios civiles que, en cierta medida, la ley establece unos marcos que no queda más remedio que respetar. El Código Civil —esa recopilación de leyes civiles que en el siglo XIX dirigió el jurista Alonso Martínez (que muchos madrileños conocerán más por la estación de metro en

> Tenemos la enorme dicha de vivir en un marco social extraordinariamente tolerante y libre que nos tiene que permitir elegir el tipo de pareja que queremos ser, el tipo de consolidación de nuestro amor por el que queremos apostar.

su honor que por esta gran labor)— ha establecido unas pautas de carácter obligatorio en las que, de una u otra manera, la formalización del amor y la pareja queda enmarcada. Por eso se exige que el alcalde, el juez del Registro Civil o el notario que autoriza el acto, le lea a la pareja los tres artículos del Código Civil que describen el matrimonio.

Estas reglas, por supuesto, tienen que ver con las obligaciones y los derechos de los que van a casarse, de los que se aman. Nos hablan de la obligación de convivir, de ayudarse mutuamente, de la fidelidad y de repartirse las cargas domésticas.

Aunque el Código dice más o menos lo que todo el mundo que se casa supone, hay que reconocer que en ocasiones he visto una divertida cara de sorpresa cuando la pareja ha escuchado que en la ley se contemplan cosas como el reparto por igual de las tareas del hogar y del cuidado de los niños. Eso es consecuencia de la última reforma del Código en 2005.

Pero, a consecuencia de esto, pienso: ¿Tiene el amor obligaciones? ¿Hay en el amor derechos y deberes?

Curiosamente, todo esto que parece claro y obvio no lo es tanto y constituye, precisamente, un decisivo núcleo de confrontación entre una manera de entender qué significa el matrimonio, la pareja, la familia.

Por eso me gustó siempre en los matrimonios que celebraba, leerles a los contrayentes un poema advirtiéndoles, con todo respeto, que no era más que una expresión de una determinada forma de entender el matrimonio.

El poema que elijo es del escritor Gibran Khalil Gibran. Incluyo aquí algunos de sus versos, que me parecen emblemáticos*:

Cantad y bailad juntos, alegraos, pero que cada uno de vosotros conserve la soledad para retirarse a ella a veces.

Hasta las cuerdas de un laúd están separadas, aunque vibren con la misma música.

Ofreced vuestro corazón, pero no para que se adueñen de él.

Porque solo la mano de la Vida puede contener vuestros corazones.

Y permaneced juntos, más no demasiado juntos:

Porque los pilares sostienen el templo, pero están separados.

Y ni el roble ni el ciprés crecen el uno a la sombra del otro.

---

* Poema «La pareja» de Gibran Khalil Gibran, perteneciente a su libro *El Profeta*.

Sí, el amor es algo inmenso y divino, pero cada uno de nosotros somos un yo incuestionable, una individualidad que no puede dejarse absorber por el otro o la otra.

Y a partir de ahí vienen las preguntas: ¿Estamos obligados a querernos siempre? Cuando nos queremos, ¿estamos obligados a ser fieles? ¿Qué quiere decir ser fieles? ¿Qué es la fidelidad? ¿Qué nos debemos el uno al otro? ¿Nos debemos algo? ¿Fidelidad quiere decir que estamos obligados a saber todo lo que hace, dice o siente la pareja o debe haber zonas de intimidad o de privacidad? Y los celos, ¿son una prueba de amor? ¿Si nos queremos debemos sentir celos o son fundamentalmente cuestión de amor propio?

LA FIDELIDAD

Este haz de preguntas que se plantean arriba es clave. Responderlas con claridad y con realismo es necesario. Cada pareja puede resolverlas como mejor crea. Sin embargo, para que el diseño de pareja sea bueno, es necesario saber muy bien de lo que hablamos, lo que somos los humanos y el peso que tienen para todos nosotros las convicciones sociales.

Empecemos por la primera de las preguntas. ¿Tenemos obligación de querernos siempre? ¿Estamos obligados a querernos siempre? ¿Depende de nosotros el continuar queriéndonos?

Qué duda cabe de que cuando las personas se aman, cuando nos amamos, cuando descubrimos el amor, deseamos que ese amor dure eternamente. Pero sabemos que eso no siempre es así. El amor no siempre dura. Y lo que es más importante: el que el amor dure no depende de la pareja. Todos sabemos que podemos dejar de estar enamorados de alguien, que podemos enamorarnos de nuevo de otra persona. Todos hemos vivido esa experiencia o hemos conocido a otros que la han vivido. Estar enamorado de una persona no depende de nuestra voluntad.

El amor no se impone. No se puede, por tanto, reprochar a uno o a otro miembro de la pareja que haya dejado de querer, que haya dejado de estar enamorado.

Sin embargo, también hay que saber que el amor se puede cuidar. Que es razonable cuidarlo por lo bueno que es y por lo que significa. Que es importante que sepamos cuidar el amor. Que a lo largo del tiempo el amor evoluciona y se transforma, que pierde emoción, pero que puede crecer en intensidad.

Puede que, a pesar de todos esos afanes y esos posibles cuidados, como sucede en tantos otros aspectos de la vida, no siempre consigamos que el amor continúe; en ese caso nada se puede ya reprochar.

Es necesario saber que prácticamente el 47 % de las parejas que contraen matrimonio se separa. Por eso es tan importante que no le pidamos a una relación lo que la relación no nos puede dar. Que sepamos que no hay débito alguno de amor, que no hay deuda de amor.

> El amor no se impone. No se puede, por tanto, reprochar a uno o a otro miembro de la pareja que haya dejado de querer, que haya dejado de estar enamorado. Sin embargo, también hay que saber que el amor se puede cuidar.

La segunda pregunta es absolutamente trascendente y no resolverla a tiempo genera confrontaciones y mucho sufrimiento innecesario: Cuando nos queremos, ¿estamos obligados a ser fieles? ¿Qué quiere decir ser fieles? ¿Qué es la fidelidad?

Parece que, efectivamente, la fidelidad es un valor intrínseco de la pareja, del matrimonio; lo dice muy especialmente el Código Civil cuando prescribe que los cónyuges están obligados a vivir juntos, guardarse fidelidad y socorrerse mutuamente.

Pero, exactamente, ¿qué es la fidelidad?

A LOS QUE VIENEN

Podríamos pensar que la fidelidad quiere decir que todo lo relativo a la vida de pareja deberá hacerse siempre y solo con la pareja, pero esto es mucho más complicado de lo que parece.

En principio, pensamos que una persona que ama a otra no debería tener ningún deseo hacia una tercera, que la idea de fidelidad se debería circunscribir a ese deseo de exclusividad total.

Pero este concepto de exclusividad se estrella contra la realidad, y sobre todo contra la realidad de nuestro tiempo. Cada vez son más las parejas que abandonan ese concepto de la fidelidad excluyente.

Por ejemplo, no siempre los amigos lo son por igual de las dos partes de la pareja. La vida activa que hoy suelen llevar las parejas hace que cada uno tenga, normalmente, sus propios amigos y por tanto no siempre socialice conjuntamente.

Se puede querer y desear a más de una persona a la vez. Esto está mal visto, sin duda, pero es una realidad que no se puede negar. Por supuesto que en la concepción usual de la fidelidad esta situación no es aceptable y obliga a tener que escoger para reubicarse en la pareja monógama normalizada.

Pero no olvidemos que la vida, la realidad, se impone a las costumbres y a las convicciones sociales.

No sé si habréis oído hablar de un libro absolutamente emblemático en la movilización de los jóvenes en las plazas a lo largo del año 2015, y en concreto aquí en España, durante el 15M: *¡Indignaos!**. Se vendieron millones de ejemplares en el mundo. Su autor es Stéphane Hessel, un humanista internacionalista estimulante. Curiosamente, él cuenta en su biografía cómo fue hijo de una pareja de amores compartidos que inspiró una muy interesante película para la generación de los jóvenes de los ochenta: *Jules y Jim* de François Truffaut**.

Estoy convencida de que no es frecuente simultanear el amor pero, aunque lo habitual o normal es que solo se esté enamorado de una persona, eso no quita que en momentos puntuales se desee a otras, incluso que se coquetee o se seduzca.

A partir de ahí empezamos a movernos en unas barreras extraordinariamente complejas y resbaladizas.

¿La fidelidad significa que ningún miembro de la pareja puede, por ejemplo, besar a otro o simplemente juguetear o coquetear con otro o con otra? ¿Es eso la fidelidad?

---

* *¡Indignaos!* Stéphane Hessel, Destino.

** La película, a su vez, está basada en un libro tan emblemático como ella, del autor Henri-Pierre Roché.

Es lo habitual que se considere vulnerado el deber de la fidelidad con cualquiera de esas prácticas, pero ¿y si de lo que se trata es simplemente de ir con otra o con otro al cine, de viaje o a tomar una copa? Ese «no ha pasado nada» tan de película.

¿Dónde empieza y dónde termina? ¿«No ha pasado nada» quiere decir que no nos hemos ido a la cama o que ni tan siquiera nos hemos besado o acariciado?

La pareja tiene que fijar sus propias exigencias de fidelidad en el fondo y en la forma. Además, hay otro aspecto fundamental que no solo tiene que ver con lo que se quiere o se puede hacer, sino con la obligación de transparencia o de veracidad. Es decir, esa obligación de los dos miembros de la pareja de tener una sinceridad absoluta con el otro.

¿Es la obligación de la sinceridad absoluta un elemento de la fidelidad? ¿Ser fieles significa que tenemos la obligación de contarnos absolutamente todo lo que sentimos, todo lo que vivimos?

La obligación de contárselo todo, de saber todo del uno o del otro está ahí, en la sociedad. Pero hay que preguntarse cuánto de esa exigencia viene derivado de las actitudes antiguas y posesivas tradicionales.

LOS CELOS

Y ahora, los celos. ¿Son los celos una prueba de amor? ¿Si nos queremos debemos sentir celos o los celos son fundamentalmente cuestión de amor propio?

Los celos se han interpretado siempre en la cultura tradicional como una inmensa prueba del amor que una persona siente por otra. En la poesía y las canciones son abundantes las expresiones bellas y dramáticas sobre los celos de los amantes en las que estos los exhiben como prenda de amor.

Pero, ¿qué son realmente los celos?

> La pareja tiene que fijar sus propias exigencias de fidelidad en el fondo y en la forma. Además, hay otro aspecto fundamental que no solo tiene que ver con lo que se quiere o se puede hacer, sino con la obligación de transparencia o de veracidad.

Podríamos definir los celos como ese dolor que sufre el que ama cuando sabe o cree saber que su amante no le ama lo suficiente porque no está con él o con ella o no le dedica toda su atención.

Esto, sin duda, tiene mucho que ver con algo de lo que acabamos de hablar más arriba. Si el amor es algo absoluto, si la otra persona no nos dedica o creemos que no nos dedica a nosotros lo que nosotros le dedicamos a ella o a él, nos podemos sentir heridos porque nos consideramos menospreciados, olvidados, etcétera.

Y la verdad es que, en una concepción del amor absoluta, cualquier acción que no respete esa exclusividad absoluta producirá dolor. Pero es el dolor de sentirse excluido. No se puede olvidar tampoco que los celos a veces no significan tanto el dolor por la exclusión como la humillación, el menosprecio o ridículo que una vulgar consideración social ha creado en torno a los «cuernos».

Pero hay otro aspecto en todo este mundo de los quereres que es enormemente peligroso. Es el miedo. El miedo a perder el amor, a ser dejado, que puede llevar a una terrible situación de indagación constante y de apoderamiento absoluto del otro.

> El miedo a perder el amor, a ser dejado, que puede llevar a una terrible situación de indagación constante y de apoderamiento absoluto del otro.

Y esto no indica nada más que inmadurez e inseguridad y empeño irracional por controlar a otra persona para asegurarnos tenerla. Por tanto, sí, los celos son absolutamente negativos.

CUÁL ES LA PAREJA QUE QUEREMOS

Pues bien, después de este largo recorrido por lo que desgraciadamente aún hoy es un asunto nada baladí como es el amor y sus límites —la violencia hacia el ser amado, la traición, la posesión, los celos—, tiene que quedar claro que hay que redefinir la pareja. Como en tantos otros aspectos de la vida, la mujer, la cultura de la mujer, tiene que alumbrar una nueva manera de entender todo esto. Hay que recordar que en muchas ocasiones las mujeres, a pesar de nuestra conquistada igualdad, no nos hemos sabido desprender de los modelos masculinos del sexo y del amor, arraigados a lo largo de la historia.

> Tiene que quedar claro que hay que redefinir la pareja. Como en tantos otros aspectos de la vida, la mujer, la cultura de la mujer tiene que alumbrar una nueva manera de entender todo esto.

En nombre del amor se ha muerto y matado, se ha destruido y se ha sufrido mucho, pero también en nombre del amor se han creado las grandes obras de arte, se han fundado familias y hemos llegado a donde hoy estamos. ¿Por qué no pensamos en el amor como algo positivo que hay que disfrutar mientras dura y dejamos de usarlo como excusa de nuestras acciones? ¿Por qué no pensamos también en otras y diferentes maneras de quererse que nos ofrezcan nuevas formas de pareja?

La violencia es evitable, no nos podemos resignar a vivir con violencia. Y por supuesto, la violencia machista es un hecho. Y vosotras, jóvenes mujeres, no podéis resignaros a ser las víctimas potenciales y tenéis que seguir trabajando. Y vosotros, jóvenes hombres, no podéis resignaros a pertenecer a un género que sigue ejerciendo un papel violento o poco respetuoso con el otro, y tenéis que seguir trabajando. Y todos tenemos que evaluar el hecho de que quizá seguir apostando por una única manera de amar de manera férrea o inamovible puede no beneficiar la evolución positiva de la erradicación de esta terrible e inconcebible violencia machista.

¿HABLAMOS DE LA FELICIDAD?

■

Navegando en busca de la felicidad
a través de aguas borrascosas

Parece que hablar de la felicidad fuera algo que solo hiciera la que llamamos «literatura de la autoayuda». Sin embargo, no resisto la tentación de hablaros precisamente de la felicidad o por lo menos de algo bastante parecido: estar satisfechos con nuestra propia vida, contentos con nosotros mismos.

He creído que os podría resultar útil reflexionar sobre aspectos importantes para elaborar vuestro propio criterio. Quiero también compartir con vosotros experiencias y vivencias personales en este asunto de la felicidad. Os lo adelanto: he disfrutado mucho en mi vida y espero seguir haciéndolo. La edad te ofrece gran acumulación de vivencias, te aporta, como a mí me gusta decir, una gran mochila. Me gustaría pensar que en ella, en la mía, podéis encontrar muchas cosas útiles los que venís detrás.

El escritor maliense Amadou Hampâté Bâ (1901-1991) estudió muy especialmente el papel pedagógico e histórico que la narración oral tiene en la cultura africana. «En África —dijo—, cuando un anciano muere, una biblioteca arde». Esas vivencias, esas experiencias que desaparecen cuando la vida se acaba, pueden ser útiles para otros. Quizá por eso valga la pena rescatarlas y conocerlas.

Y es que quiero hablar de la felicidad en primera persona. Hay en nuestra tradición ensayística una actitud, probablemente muy masculina, de no querer hablar de lo personal, de no querer hablar en primera persona. Se tiende a objetivar lo que decimos. Pareciera que hablar de uno mismo fuera incluso algo de mal gusto. Y precisamente esa actitud quizá sea la que ha llevado a considerar como un género menor, por no decir desdeñable, las reflexiones que giran en torno a los comportamientos personales, máxime si además se expresan desde el yo. Y no digamos si esas reflexiones pueden llevar a incrementar nuestra felicidad.

Me parece que en América es diferente. Hay menos miedo a personalizar las propias opiniones y a hablar de uno mismo. En su libro *El círculo de la motivación*, el cardiólogo español Valentín Fuster habla de ello*. Es un caso relevante. Considera como algo no solo positivo, sino absolutamente necesario, hablar de él mismo cuando aborda sus experiencias como director del Centro Cardiológico de Nueva York.

De todas formas, aunque cada vez hay más referentes, hablar de la felicidad es relativamente reciente. O, mejor dicho, hablar tanto de la felicidad es relativamente reciente.

---

* *El círculo de la motivación*, Valentin Fuster con la colaboración de Enma Reverter (Planeta).

No podemos olvidar que durante mucho tiempo hablar de la felicidad estuvo mal visto. Quizá a más de uno os parezca ya extraño. Me gustaría que así fuera, pero este mundo era considerado —y parecía que no podía ser otra cosa— que un «valle de lágrimas». Lo verdaderamente importante era entonces capitalizar nuestro sufrimiento cotidiano y constante para ese supuesto paraíso, siempre fantasmal pero prometido, en la otra vida.

La sociedad occidental en la que vivimos se va secularizando poco a poco e incluso la religión misma parece que en los últimos tiempos se olvida un poco de la otra vida y del Cielo, y piensa más, con los pies en la tierra, en esta, la vida que vivimos. De pronto, ser felices, o lo más felices posible, emerge como algo importante. Se puede y se debe considerar como objetivo vital. Y ello no solo por y para nosotros mismos, sino también por los que nos rodean, para los que están con nosotros.

Las personas tristes, las personas siempre amargadas, que no hacen más que contar penas y quejarse, cansan. Sin querer, tendemos a evitarlas. Es como si su incapacidad de emoción, de alegría, nos pesara sobre nuestras propias vidas.

¿PODEMOS APRENDER A SER FELICES?

Quizá haya algo genético en esto de tener una actitud positiva en la vida. Puede ser. En todo caso, estoy segura de que es algo que se puede aprender y mejorar. Podemos aprender a ser un poco más felices.

¿Cuáles son las actitudes que nos pueden ayudar a ser felices? ¿Qué es lo que nos puede ayudar a estar cómodos y contentos con nosotros mismos?

Yo diría que, en primer lugar, es muy bueno acostumbrarnos, desde muy jóvenes, a reflexionar sobre nosotros mismos, a pensar

> La sociedad occidental en la que vivimos se va secularizando poco a poco e incluso la religión misma parece que en los últimos tiempos se olvida un poco de la otra vida y del Cielo, y piensa más, con los pies en la tierra, en esta, la vida que vivimos. De pronto, ser felices, o lo más felices posible, emerge como algo importante.

sobre lo que hacemos, sobre cómo y por qué lo hacemos, sobre lo que sentimos y por qué lo sentimos. Podría seguir con un largo etcétera.

Digamos que esta autorreflexión es necesaria. Recordad que nuestra capacidad de razonar y analizar es el centro de operaciones de nuestra propia vida. Es decir, no dejar que la vida, que nuestra vida, fluya sin control. Dirigirla a través de nuestra reflexión y pensamiento.

> Digamos que esta autorreflexión es necesaria. Recordad que nuestra capacidad de razonar y analizar es el centro de operaciones de nuestra propia vida.

Me hace gracia recordar ahora cómo, muy pronto, tomé alguna decisión, di algún volantazo en mi vida que fue importante luego y que tiene que ver con saber aprovechar lo mejor de nosotros mismos, que es, sin duda, otro elemento decisivo para vivir mejor.

Tengo una hermana un poco mayor que siempre fue —y sigue siendo— guapísima. Yo diría que era la más guapa de su clase. Pronto me di cuenta de que cuando nos comparaban a las dos a mí me miraban con un poquito de pena. Enseguida decían: «Qué mona es la mayor...». Pronto lo tuve claro. En las funciones y obras de teatro que hacíamos en el colegio siempre ella, mi hermana, era la protagonista: la princesa en los cuentos y la Virgen María en los belenes navideños. Yo, como mucho, era una pastora del montón en los belenes y un paje o una dama en las representaciones de los cuentos.

Era evidente que ella era la guapa, así que yo decidí ser la valiente.

Vivíamos lejos del colegio y teníamos que andar un buen rato para llegar a clase. Mi hermana tenía mucho miedo a los perros. Cuando nos encontrábamos con uno nos cruzábamos de acera. Yo también tenía miedo a los perros, pero decidí superarlo. Había tomado la decisión de ser valiente. Qué gusto cuando empecé a oír eso de «mira qué valiente es la pequeña». Busqué y aproveché mi talento.

EL MIEDO Y LA CURIOSIDAD

El miedo puede ser un gran obstáculo. Una especie de freno que tiende a impedirnos disfrutar con lo nuevo. Y disfrutar con lo nuevo tiene que ver, así lo creo, con una de las pulsiones esenciales del ser humano: la curiosidad. Saciarla aporta, valga la redundancia, grandes satisfacciones.

¿Qué es la curiosidad? Seguramente tiene que ver con nuestro pensamiento y nuestra propia capacidad de indagación o de cuestionamiento de todo lo que nos rodea.

No sé muy bien por qué, ni de qué depende, pero algunas personas somos extraordinariamente curiosas y otras no. ¿Por qué a unas nos interesan algunas cosas y a otras no? No lo sé, pero creo que tiene que ver también con la educación en la que nos hemos formado. En todo caso, pienso sinceramente que la curiosidad es una motivación para vivir nuevas experiencias y que las nuevas experiencias activan nuestro organismo.

> El miedo puede ser un gran obstáculo. Una especie de freno que tiende a impedirnos disfrutar con lo nuevo. Y disfrutar con lo nuevo tiene que ver, supongo, con una de las pulsiones esenciales del ser humano: la curiosidad.

Dejarse llevar por la rutina, no tener interés ni deseo de vivir experiencias nuevas, limita nuestra capacidad de activación. La rutina es una especie de piloto automático de nuestra vida que nos permite funcionar con una bajísima energía. Esto tiene quizás sus ventajas: no consumimos esfuerzos. Pero tiene el gran inconveniente de ahogar el mecanismo de la actividad, que también pone en marcha la motivación.

Cuando fui vocal del Consejo General del Poder Judicial hacía visitas a los juzgados del territorio que me correspondía. En los primeros dos años tenía asignada la zona de Galicia. Anunciaba la visita y me gustaba mantener charlas con las juezas y los jueces de los juzgados que visitaba. En muchos casos era su primer destino. Normalmente, antes me daba un paseo por el pueblo, para conocerlo un poco, y siempre encontraba algo que me llamaba la atención. Luego, cuando les preguntaba por lo que había visto, me sorprendía que los jóvenes colegas no hubieran siquiera reparado en ello.

Una mañana, mientras paseaba por el pueblo lucense de Sarria en una de esas visitas, vi que había sido el lugar de nacimiento de Matías López, creador y fundador de una famosa marca de dulces y chocolates en 1851, que lleva su nombre. Busqué en internet y me enteré de por qué le honraban en su lugar de nacimiento. Había sido un «chocolatero», político liberal y empresario progresista que había implantado una especie de seguridad social en su fábrica de San Lorenzo de El Escorial.

Los diversos destinos judiciales me llevaron a mundos que no conocía y en los que pude encontrar ese placer de viajero profesional, de conocer por mí misma un territorio, un paisaje, una población... con algo nuevo que me podía sorprender. Siempre recuerdo el placer que me supuso mi primer destino judicial: la maravillosa y enigmática isla de La Palma, en Canarias.

Y es que eso de la curiosidad por los lugares por donde pasas tiene que ver con algo que tiene su base en lo más cotidiano. Constituye quizá una consecuencia de algo mucho más trascendente para ser feliz, que es disfrutar sobre todo con nuestro día a día.

LA FELICIDAD COTIDIANA

Trabajamos para ganarnos la vida. Es cierto. Se ha acuñado incluso como maldición divina: «Trabajarás con el sudor de tu frente», dice la Biblia. Muy pocas personas pueden vivir en el mundo sin trabajar. Son los rentistas. Algunos de ellos constituyen parte de esas minorías millonarias del vértice más escandaloso de la desigualdad social.

La mayor parte de las personas necesitamos trabajar para vivir. Sin embargo, está claro que, como una gran porción de nuestro tiempo la dedicamos a ganarnos la vida, es imprescindible, para vivir bien, que disfrutemos en mayor o menor medida con nuestro trabajo.

Siempre me ha sorprendido mucho constatar que parece haber personas que aparentemente solo viven para lo que yo llamo «los días en rojo del calendario». Es decir, los días de fiesta. Los días en los que no se trabaja. No sé cuánta gente tiene esa sensación. Me gustaría pensar que son menos de las que lo dicen y que incluso alardean de ello. Puede resultar algo que se convierta en una pose, hasta una moda quizá.

En esos casos en que el trabajo te parece un espanto y solamente piensas que puedes disfrutar en los días de fiesta, probablemente tu ansiedad sea tan elevada que te di-

> Como una gran parte de nuestro tiempo la dedicamos a ganarnos la vida, es imprescindible, para vivir bien, que disfrutemos en mayor o menor medida con nuestro trabajo.

ficulte disfrutarlos, con lo que la cadena o el círculo infernal de la insatisfacción, que puede derivar en frustración, te tiene preso.

No me cabe duda de que hay muchos trabajos que pueden resultar alienantes. Exigen, sin más, un gran esfuerzo físico o mental, o realizar una actividad repetitiva, cosas que encuentran difícil compensación. Cuando hacemos esos trabajos, es inevitable que solo queramos que se acaben cuanto antes, que termine la jornada.

He tenido la suerte de haber leído a Simone Weil. Resulta interesante que ella, procedente de una familia de profesionales y siendo ya profesora de filosofía, decidiera, en el año 1934, experimentar lo que significaba el trabajo físico. Entró entonces a trabajar en la Renault.

No he trabajado en una fábrica de coches pero, siendo estudiantes, mi amiga Maite y yo estuvimos en Inglaterra trabajando un verano en una fábrica de mermeladas. Primero, estuvimos recogiendo fresas en los campos de la empresa, y después trabajamos en la fábrica. Nunca olvidaré lo que significa trabajar a destajo.

Trabajar a destajo exige que toda tu capacidad se centre en un solo objetivo: correr, correr, trabajar, trabajar. No recuerdo bien si me había hecho antes alguna idealizada idea de lo que podían ser esos trabajos. Si la tuve, se me quitó totalmente tras la experiencia. Recoger fresas a destajo resultaba agotador. Es posible que lo fuera aún más para nosotras, que, de hecho, éramos dos señoritas estudiantes sin experiencia anterior en ningún trabajo físico.

En aquel campo de trabajo nos pagaban por el número de cestas que llenábamos. Solo se tenían en cuenta las cestas que no tenían hoja verde alguna. Si encontraban alguna, llegaban a tirarnos las fresas recogidas. Las manos se nos ponían rojas y escocidas del jugo de las fresas, que se incrusta en las uñas.

No sé si calificarlo como peor o igual de duro, aunque diferente, pero cuando dejamos el campo de fresas empezamos a trabajar en la fábrica. Nos colocaron al frente de las máquinas de lavar los tarros para el envasado de las mermeladas. La máquina iba muy deprisa y nosotras teníamos que acomodarnos a su ritmo. Si no éramos capaces de aguantarlo y no quitábamos a tiempo los frascos ya lavados, estos se rompían y nos sancionaban. No se podía perder la concentración.

Fue dura la experiencia, pero muy interesante. El trabajo puede ser una maldición si las condiciones laborales son de explotación. Aprendí lo duro que puede ser. Creo que me marcó para toda mi trayectoria posterior, primero como abogada laboralista, defendiendo las condiciones de los trabajadores, y después como juez.

Hay que humanizar el trabajo, por más duro o rutinario que sea. La productividad como objetivo no puede apoyarse ni en forzar las condiciones de trabajo ni en rebajar sin más el salario de los trabajadores. Está ya demostrado que no es así, que así no aumenta la productividad.

LAS KELLYS

Las condiciones de explotación se siguen dando hoy en muchos trabajos e incluso parecen haber aumentado en los últimos años. Uno de esos casos parece ser el de las Kellys, «las ke limpian», las camareras de piso de los hoteles.

Hay que humanizar el trabajo, por más duro o rutinario que sea. La productividad, como objetivo, no puede apoyarse ni en forzar las condiciones de trabajo ni en rebajar sin más el salario de los trabajadores.

En los últimos años han ido a la huelga en varias ocasiones y ya llevan un buen tiempo reivindicando mejorías laborales.

Las corrientes neoliberales del trabajo han conseguido introducir en nuestras estructuras económicas la externalización de actividades propias de las empresas. Así sucede que en muchos hoteles y apartamentos turísticos las plantillas son muy cortas porque la mayor parte de las tareas se realizan a través empresas externas que ya no están sujetas a los convenios del sector.

Las abusivas condiciones de trabajo, con reducción del salario y aumento no pagado de horas y más horas, responden a un proceso más general de externalización de los servicios. Mediante el truco —que raya en la estafa— de encargar esos servicios a una empresa externa, los salarios ya no tienen por qué ceñirse al convenio de hostelería. No tiene otro objetivo que abaratar los gastos de personal a costa de empeorar las condiciones de trabajo hasta el máximo. El convenio de hostelería les sería mucho más favorable.

Comprendo su enfado, espero que puedan manifestarlo y espero que consigan superar las abusivas condiciones a las que se les somete. No, no se puede trabajar en esas condiciones de explotación.

Pero dicho esto, hay que recordar también que hay infinidad de trabajos en los que no se dan esas condiciones de explotación y que pueden ser agradables y satisfactorios para quienes los realizan. Conseguir trabajar en algo que nos dé satisfacción es absolutamente recomendable. Yo diría que es necesario. Y creo que es posible.

EL CAMBIO ES BUENO

Cuando estaba en la judicatura escuchaba las conversaciones diarias de los colegas, quejándose constantemente del trabajo. Siempre me llamaron la atención tantas quejas junto a tan poca resolución para salir de esa situación. Cuando nos reuníamos a tomar café, siempre surgía toda una lluvia de descontentos: «Son demasiados juicios»,

> Conseguir trabajar en algo que nos dé satisfacción es absolutamente recomendable. Yo diría que es necesario. Y creo que es posible.

«Esto es agotador», «No puedo más», «Tantísimas sentencias a la semana»...

«Esto no hay quien lo aguante», resumían algunos compañeros. Para provocarlos, yo siempre les decía: «Si no os gusta, dejadlo, cambiad de trabajo o haced otra cosa». A la mayor parte de ellos no les parecía posible o viable después del gran esfuerzo que habían hecho para entrar en la carrera judicial y acceder a un trabajo seguro para toda la vida. Pues bien, esa sensación de impotencia o la actitud de ni siquiera plantearse el cambio nos pueden hacer la vida muy antipática.

Yo me he lanzado sucesivamente a cambiar y estoy contenta de haberlo hecho. Me ha ido muy bien.

Nada más acabar la carrera entré a trabajar en un despacho muy convencional en Barcelona. Aprendí algunas cosas interesantes, sobre todo de gestión, pero no me apetecía seguir allí. Quería defender a otro tipo de clientes, así que creé mi propio despacho en L'Hospitalet de Llobregat.

Años más tarde regresé a Madrid. Me llamaron unos compañeros laboralistas de un despacho de la calle de la Cruz para que trabajara con ellos. Lo hice. Fue una época estupenda, pero pronto se creó cierta tensión entre los abogados más jóvenes y los mayores. Los jóvenes teníamos proyectos diferentes ante los que no encontrábamos el respaldo de los mayores. Montamos entonces un nuevo despacho laboralista. Era en la calle Atocha, el tristemente famoso despacho que en 1977 sufrió el atentado de la extrema derecha con el asesinato de cinco compañeros. Estuve trabajando allí hasta ese año, 1977.

> Yo me he lanzado sucesivamente a cambiar y estoy contenta de haberlo hecho. Me ha ido muy bien.

Llegó la Democracia y sentí que en cierto modo estaba cansada de pedir desde el estrado de la abogacía que se hiciera justicia. Quería hacerla yo. A la semana, quería ser juez, lo decidí. Me pregunté: «¿Y si me lanzo a hacer las oposiciones?».

Me informé. Se trataba, nada más y nada menos, que de estudiar en torno a quinientos temas. Los estudié. En aquella época tenía ya a mis dos hijos. Me hacía gracia mi hijo pequeño, porque cuando le preguntaban en la guardería en qué trabajaban sus padres, decía: «Mi papá es arquitecto; mi mamá, estudiante».

Estudié un año y medio. Me presenté a las oposiciones y las aprobé.

Desde 1980, el año en el que ingresé en la carrera judicial, he tenido varios destinos. Busqué siempre destinos que me aportaran algo nuevo y algo interesante. Encierra un cierto riesgo estar demasiado tiempo en un mismo sitio. En cierta medida te acostumbras a hacer las cosas de una determinada manera, entras en una especie de rutina y pierdes frescura.

En 1996 fui nombrada vocal del Consejo del Poder Judicial. Adquirí cierta experiencia de gestión, junto a mi anterior labor jurisdiccional. Durante los últimos años de la judicatura había simultaneado mi trabajo como presidenta de la sección 17 de la Audiencia Provincial de Madrid con la relatoría de Naciones Unidas en el Grupo de Trabajo sobre Detenciones Arbitrarias. Había conocido, por tanto, la dimensión del derecho internacional, de los derechos humanos y el enorme capital que los mismos significan para mejorar la humanidad.

Con ese bagaje, cuando cumplí los sesenta y cinco, pedí un puesto judicial de dirección y gestión, de los que se asignan por concurso de méritos. Solicité la presidencia del Tribunal Superior de Madrid. Me felicitaron por mis méritos, pero no me lo dieron. En aquel momento, el Consejo del Poder Judicial se había comprometido de hecho a nombrar como presidente del Tribunal Superior de Madrid a un magistrado que contara con el apoyo del Partido Popular a cambio de nombrar a otro magistrado como presidente del Tribunal Superior de Galicia que agradara al Partido Socialista. Así lo hicieron.

Reflexioné. Mi experiencia en gestión seguramente hubiera resultado útil dirigiendo y organizando la justicia en la Comunidad de Madrid. La decisión se había adoptado por criterios políticos, de partido. No me gustó. Decidí entonces jubilarme anticipadamente de la carrera judicial.

Siempre me pareció apasionante la carrera judicial. Su esencia es resolver los conflictos de los ciudadanos entre sí y los conflictos entre los ciudadanos, las corporaciones y el Estado. Pero a pesar de mi interés, tenía la sensación de que había acumulado una cierta experiencia a lo largo de mi vida y que, de alguna manera, quería trasladarla a otros, a los más jóvenes. Me sentía con una importante mochila —esa que comentábamos al principio— en mi espalda.

En diciembre de 2010 me jubilé, pues, anticipadamente. Tenía una carpeta con más de diez proyectos que me apasionaban. Los puse en marcha.

Creé una empresa social que sigue funcionando en la actualidad, donde se hacen trabajos de artesanía para moda infantil realizados fundamentalmente colectivos vulnerables, algunos de ellos de personas en prisión.

Estuve en la República Popular del Congo desarrollando un proyecto para la creación de una escuela judicial, y en Guatemala, implantando los juzgados de ejecuciones penales. Comencé a hacer un estudio sobre los efectos de las sentencias y empecé a llevar mi propio blog: «Reinventando la justicia».

> En diciembre del 2010 me jubilé, pues, anticipadamente. Tenía una carpeta con más de diez proyectos que me apasionaban. Los puse en marcha.

Pasados apenas cinco años, la insistencia de algunos amigos me llevó a la política. Me había resistido durante meses, pero terminaron por convencerme para liderar una candidatura progresista al Ayuntamiento de Madrid, fruto de la convergencia de distintos movimientos sociales y grupos políticos.

Efectivamente, en junio de 2015 resulté elegida alcaldesa de la ciudad de Madrid. Lo he sido durante cuatro años. En junio de 2019 dejé de serlo. La plataforma que lideré para continuar en el gobierno, Más Madrid, fue la ganadora de las elecciones con una sensible diferencia de votos respecto a todas las demás candidaturas. Sin embargo, las tres derechas formaron un frente único y decidieron nombrar alcalde al candidato del Partido Popular. No me quise quedar en la oposición. Lo había anunciado en la campaña electoral. No me veía en la oposición. Ahora, tengo ya en marcha otros proyectos, entre otros, este libro que tenéis en las manos.

Para mí ha sido genial disfrutar siempre con el trabajo y por eso me gusta trasladaros esta pasión a vosotros, los más jóvenes. El ser humano está diseñado para la actividad, y por eso diseñar nuestra actividad laboral resulta tan importante.

LA ACTITUD Y LOS PROYECTOS

Hace unos días fui a hacerme una revisión médica y el cardiólogo me dijo, con cierta sorpresa y muchísima simpatía: «Manuela, tienes el corazón como lo tenías antes de entrar en el Ayuntamiento. A pesar de estos movidos cuatro años no se te ha deteriorado». «Lo has debido de pasar muy bien», añadió.

> El ser humano está diseñado para la actividad y por eso diseñar nuestra actividad laboral resulta tan importante.

Pues sí, como alcaldesa he disfrutado mucho, pero también disfruté mucho de asesora de la República Popular del Congo, creando la empresa social Zapatelas y por supuesto siendo magistrada en destinos diferentes y apasionantes.

Disfrutar en el trabajo me parece imprescindible para ser feliz. Sin duda, hay trabajos que pueden facilitarlo, pero sobre todo depende de la actitud con la que se afronten. Y yo diría que para ello, para ser feliz con el trabajo, hay que tener siempre un diseño, un proyecto de nuestro trabajo.

Como os decía antes, creo que nuestra capacidad de pensar es absolutamente determinante para que nos sintamos bien en la vida. Nuestro cerebro, nuestro pensamiento, es nuestro centro de operaciones. Uno no puede estar en un trabajo sin tener antes claro qué es lo que se quiere conseguir en ese trabajo, cómo se quiere orientar, cómo se quiere o se puede cambiar… y, si llegamos a la conclusión de que no se puede, plantearse cambiar de trabajo. Soy consciente que no siempre es posible, pero me parece que, muchas veces, ese cambio ni siquiera se nos pasa por la cabeza.

Por supuesto que siempre, en todos los trabajos, hay aspectos negativos que no nos gustan y que van como parte de un todo, en el «paquete», en el diseño del trabajo. También podemos encontrarnos con dificultades inevitables que pueden poner en cuestión nuestro proyecto, nuestro diseño del trabajo. Faltaría más. Es la dinámica de la vida, es la dinámica del trabajo y es la dinámica del cambio. Por eso, para disfrutar con el trabajo es imprescindible la aceptación de las dificultades que nos encontraremos. Son las inevitables piedras que habremos de superar o sortear en ese camino que queramos diseñar.

LOS INVENTOS SOCIALES

Antes de concluir lo relativo a la necesidad de diseñar nuestra propia vida profesional, me parece imprescindible hablar de los inventos sociales. Es algo poco conocido y que, sin embargo, creo que es muy trascendente.

Estamos acostumbrados a respetar, y mucho, cualquier tipo de innovación, cualquier tipo de invento. Pues bien, pienso

> Para disfrutar con el trabajo es imprescindible la aceptación de las dificultades que nos encontraremos. Son las inevitables piedras que habremos de superar o sortear en ese camino que queramos diseñar.

que hay que valorar también, además de los científicos o tecnológicos, los quizás menos reconocidos (y conocidos) «inventos sociales».

Me parece una alternativa tentadora para los que estáis pensando en cómo disfrutar con vuestro trabajo en el día de mañana: esta es la invención social. Los inventos tecnológicos quizá hayan sido el elemento más determinante del siglo xx y lo serán, seguro, en este siglo xxi y los que vengan después. Mi generación ha tenido la posibilidad de ver cómo han modificado nuestra vida personal y social.

Todavía recuerdo, cuando era una niña, que había personas mayores que no sabían usar el teléfono fijo, que además, entonces solo servía para hablar. De que todavía esto fuera algo ajeno a muchas vidas hemos pasado, en sesenta años, a un teléfono móvil convertido, además, en algo así como un ayudante en nuestra vida diaria.

En un magnífico anuncio televisivo de la época, ya lejana, del lanzamiento del móvil aparecía un aparato telefónico encima de una escalera en medio de una habitación vacía; la voz en off decía: «¿Os acordáis cuando llamábamos a un sitio y no a una persona?». Ahora hay más móviles que adultos.

Sí, la invención tecnológica ha sido y seguirá siendo espectacular. Si nos dejamos llevar por nuestra fantasía, podemos imaginar un tiempo en el que la tecnología nos permita hablar en cualquier idioma sin haberlo estudiado o tener relaciones sensoriales sin tener realmente contacto alguno, o yo que sé... Cualquier cosa que ni tan siquiera ahora podemos idear.

Pero resulta muy llamativa, en estos siglos de enormes invenciones tecnológicas, la ausencia de investigación en inventos sociales: creación de instituciones sociales que hagan más feliz al mundo, instituciones sociales que garanticen a todos los hombres y mujeres del mundo su desarrollo personal y que potencien al máximo su capacidad de felicidad.

El gran filósofo Emilio Lledó tiene unas interesantísimas lecciones sobre la felicidad y la política*. Claro que sí. Es importante que la política esté concebida, con todo su contenido ético, como un instrumento para mejorar la felicidad de los hombres y mujeres del mundo, de la familia humana,

> Resulta muy llamativa, en estos siglos de enormes invenciones tecnológicas, la ausencia de investigación en inventos sociales: creación de instituciones sociales que hagan más feliz al mundo, instituciones sociales que garanticen a todos los hombres y mujeres del mundo su desarrollo.

---

* «Política y felicidad», curso universitario impartido en la Jundación Juan March, Madrid, del 21 al 30 de enero de 1986.

como dice la Declaración Universal de los Derechos Humanos.

Pues bien, para todo eso es necesario que haya inventores sociales. Así habría que denominar a los artistas de lo social. Los escultores, los pintores, los literatos… de lo social. El inventor social pretende contribuir a modificar la sociedad, a mejorarla.

No hay más que pensar un poco para darnos cuenta hasta qué punto la humanidad ha imaginado y ha creado instituciones sociales que han mejorado la vida. La Seguridad Social, la Cruz Roja —siempre me pareció espectacular la decisión de Henry Dunant de crear la Cruz Roja—, la Institución Libre de Enseñanza y otros muchos más ejemplos han mejorado la vida de infinidad de personas, e incluso salvado la vida de muchas otras.

Dedicarse a lo social, dedicarse a modificar la vida de las gentes, es algo altamente gratificante, tanto o más que cualquier otra actividad artística. Modificar el mundo es un arte que genera un gran placer. Mientras se construye lo que se ha concebido, ya se disfruta. Una inmensa dicha se produce cuando se logra realmente implantarlo.

No puedo por menos de recomendaros que exploréis esa posibilidad. Por supuesto que, como sucede en cualquier otra actividad, nos tiene que interesar, y practicarla nos tiene que gustar. Esa actividad que, coloquialmente, pudiéramos llamar «arreglar o mejorar el mundo» tiene que ser vocacional. También tiene por esencia que ser enormemente creativa. Tiene que partir de la pasión por el ser humano, tanto por el individuo y su proceso de realización como por su dimensión social, de la que tanto depende, tantas veces, esa realización personal.

> Dedicarse a lo social, dedicarse a modificar la vida de las gentes, es algo altamente gratificante; tanto o más que cualquier otra actividad artística. Modificar el mundo es un arte que genera un gran placer.

LA FELICIDAD COMÚN Y RECÍPROCA

La atracción que para algunas personas tiene el ser humano no parece generalizada. Sin embargo, sí me atrevo a decir que en muchísimas ocasiones la felicidad de los otros, ayudarles, hacerles posible resolver sus problemas y enjugar sus tristezas, nos produce no solo satisfacción, sino también felicidad.

Reflexionar sobre nosotros mismos, dirigir nuestra propia vida a través del diseño de nuestros propios proyectos, empeñarnos en buscar trabajos en los que podamos contribuir en su diseño, configurar nuestro trabajo como una actividad gratificante, enamorarnos del cambio, no tener miedo a romper rutinas, dejarnos tentar por la actividad que genera lo nuevo o lo inesperado y, por supuesto, considerar la posibilidad de trabajar como inventores sociales, son todos consejos que me atrevo a daros a vosotros, los más jóvenes.

Sin embargo, a todas estas «recetas» para vivir bien les falta algo que es determinante. Por mucho que todo lo anterior parezca ideal, no será así, no funcionará bien si nosotros no contamos con algo imprescindible, que es nuestra propia sociabilidad. Todos necesitamos querer y que nos quieran.

Pero la necesidad del intercambio de afectos, la necesidad de sentirnos queridos no puede encuadrarse exclusivamente en los modelos afectivos que las sociedades cerradas y conservadoras nos ofrecen o nos han ofrecido. Tenemos que tener la mente absolutamente abierta y no enrocarnos en pretender que los demás nos quieran como a nosotros nos gustaría que nos quisieran.

Hay que aceptar también que en el mundo de los afectos, en las amistades, en los equipos de trabajo, en las parejas, en el amor sin más, hay maneras de querer diferentes y que esto nos obliga a ser abiertos, a ser también demócratas en materia de amores y quereres.

No exigir, no imponer, sí escuchar, sí seducir, sí aprender a conocer la diversidad de los otros…

> Por mucho que todo lo anterior parezca ideal, no será así, no funcionará bien si nosotros no contamos con algo imprescindible, que es nuestra propia sociabilidad. Todos necesitamos querer y que nos quieran.

para encontrar lo mejor de todos. Querer, quererse, es una aventura permanente con la que también podemos aprender y mejorar.

CARTA A TODAS LAS CHICAS

■

Manuela Carmena

Quiero compartir esta carta con todas las chicas adolescentes. Me encantaría recibir vuestras respuestas en vacatu.carmena@gmail.com

© Manuela Carmena.

Muy queridas chicas adolescentes:

Sé que ahora no os escribís cartas entre los amigos y que os comunicáis por los móviles. Son siempre mensajes más cortos. He pensado, sin embargo, que quizá una carta algo más larga os gustaría.

Empecé a pensar en esta carta en conversaciones con algunas de vosotras, jóvenes, pero también cuando conversaba con adultos, padres y madres de chicas como vosotras. Me di cuenta entonces de que, de una manera u otra, los adultos tenemos un miedo común a que andéis solas por la ciudad, por el pueblo, por el campo.

Sí, creo que es verdad, por eso a veces discutís con padres y madres al no poder hacer aquello que a vosotras os gustaría. Y de pronto pensé en lo triste que era trasladaros a vosotras nuestros miedos, es decir, enseñaros a tener miedo.

Por eso os digo: no, no creo que tengáis que aprender a tener miedo, pero sí a ser muy muy listas, sabias y lúcidas, porque, desgraciadamente, las mujeres corremos más peligros que los hombres a cualquier edad. Una cosa está clara: no es lo mismo ser un chico de trece años que una chica de trece años. No es lo mismo ser un hombre que una mujer.

«¡Qué tontería! —diréis—, ya sabemos que no es lo mismo ser un hombre que una mujer». Pero lo que quiero ahora no es tanto hablar de esa obviedad, de que los hombres y las mujeres somos distintos físicamente, sino que deseo que reflexionéis sobre esa diferencia ante distintas circunstancias, como por ejemplo la que antes mencionábamos de andar solos por la calle. Es parte de una realidad horrible, pero desgraciadamente evidente: que en este caso no es lo mismo ser un chico o una chica.

Desde hace muchísimos siglos, en la historia de la humanidad, los hombres, los varones, han tenido más fuerza física que las mujeres. En origen, parece que esto se debe a que eran los que salían a cazar en las épocas primigenias, cuando eso, cazar, era la forma de proveer a las familias de las proteínas que ahora tenemos envasadas en el supermercado.

El hecho de que esos primeros hombres desarrollaran mucho su físico ha hecho que el ADN de los hombres y chicos de ahora lleve grabado ese mensaje —así, de esa forma maravillosa funcionan la naturaleza y la evolución— y todos sean, por ello, más fuertes, aunque ya no lo necesiten tanto.

Lo malo es que sabemos que esa fuerza, que solo debería usarse para sobrevivir, se ha utilizado para hacer daño, y demasiadas veces para hacer daño a las mujeres. Lo peor es que, aún hoy, en ocasiones, algunos hombres todavía lo siguen haciendo. Desgraciadamente, algunos de ellos tienen actitudes machistas y violentas y creen aún que pueden forzar a las mujeres para tener sexo con ellas o para obligarlas a cualquier otra cosa o actividad.

En el mundo se hacen muchas encuestas sobre la violencia. La violencia mata a muchas personas. Fijaos, mueren más personas en actos violentos individuales entre unas y otras que en las guerras o que en los grandes desastres. Afortunadamente, cada vez hay más personas en el mundo que piensan que la violencia no se puede utilizar de ninguna manera, ni en las peleas personales ni en las guerras, pues, en el fondo, los violentos solo son personas que no pueden conseguir con palabras y razonamientos lo que al final pretenden lograr por la fuerza, y en esta época eso no es legal ni se puede permitir.

Parece mentira que estemos en el siglo XXI y que todavía siga pasando todo esto. ¿Cómo es posible que haya hombres que busquen tener placer sexual causando violencia y dolor a mujeres? Pero aunque nos parezca increíble, así es. Aunque sea vergonzoso, sabemos que hoy en día en nuestras ciudades se producen violaciones y abusos sexuales.

También hay muchos chicos jóvenes que buscan placer sexual a cambio de dinero, es decir, que utilizan a las mujeres como si solo fuéramos cosas, como si no tuviéramos sentimientos y sirviéramos únicamente para proporcionarles a ellos placer.

Seguro que habéis oído hablar de todo eso. Puede que os suene demasiado tremendo, pero sí, desgraciadamente, a veces el sexo se mezcla con violencia.

Me parece muy importante que chicos y chicas sepáis bien qué es el placer sexual y cómo de esto, como en todos los aspectos de la vida, hay que aprender. Hay que aprender a tener sexo. Solo así conseguimos que sea eso, un placer y no un problema. Hay que aprender a amar con sexo y tener sexo bueno y feliz, aunque sea sin amor.

Para aprender, lo primero que hay que saber es que, en esto del sexo, hombres y mujeres somos muy parecidos en algunas cosas y en otras, sin embargo, muy distintos. El placer sexual es algo maravilloso y puede ser a la vez concreto y difuso. Parece raro esto que os digo, pero así es.

Cuando un ser humano interactúa con otros, a menudo siente felicidad o gozo. Cómo se les nota a los buenos actores cuando saben lanzarse esas miradas de amor o deseo. Si además de mirarnos, los seres humanos nos besamos y nos acariciamos, sentimos aún mucho más placer. Y ese placer, que es algo que se experimenta, físicamente puede quedarse ahí o, mediante el sexo, ir avanzando hasta lograr una gran sensación de superplacer, que es lo que normalmente se llama «orgasmo».

Ahí, en el orgasmo, hay alguna diferencia entre chicos y chicas. Los hombres sienten el orgasmo cuando descargan el semen a través del pene. Las mujeres, no. Las mujeres sentimos el orgasmo a través de la excitación del clítoris, por medio de la penetración o por otros medios. Por eso las mujeres nos podemos masturbar acariciándonos con los dedos. Ya habréis notado el gusto que puede dar. A todo hay que aprender.

Durante muchísimos años nunca se habló ni estudió el sexo en las mujeres. Se aseguraba que éramos seres inferiores al hombre, que éramos hombres imperfectos (porque no teníamos pene). Quizá por eso se pensó que el sexo era solo cosa de hombres. Es decir, no pensaban en el placer femenino; es más, se consideraba inmoral que las mujeres pudieran sentirlo. Y pensaban que ese placer grande y total del orgasmo solo se conseguía a base de que los hombres metieran su pene por esa aberturita que teníamos las mujeres.

Seguro que habéis oído alguna vez, pues se habla de ello muchas veces en programas de televisión, que en algunas partes de África a las mujeres les extirpan el clítoris para que encuentren novio con facilidad y que luego sean buenas y fieles esposas. Es una salvajada. En los países que llevan a cabo esas aberrantes prácticas, lo hacen cuando las mujeres aún son niñas, sobre los 11 años o así. Ya os podéis imaginar el sufrimiento tan enorme que padecen. Algunas llegan a morir por la infección. ¡Y todo eso para que no sientan el orgasmo!

Afortunadamente, ahora ya se sabe mucho más de cómo sentimos las mujeres el placer sexual y en nuestro país se rechaza socialmente cualquier impedimento para que se produzca.

Creo que es necesario que las chicas jóvenes sepáis mucho de todo esto. Cuanto más sepáis, mejor. Es muy posible que los amigos con los que tengáis sexo por primera vez sepan muy poco sobre cómo dar placer a las chicas.

Puede que yo esté equivocada, pero creo que hay muchas jóvenes que no tienen ni idea de cómo actuar en sus primeras citas o ligues. Hay chicas que están enamoradas o se sienten muy atraídas por chicos y que lo pasan genial besándose y tocándose con ellos, pero que, sin embargo, cuando se completa el sexo pueden no llegar a sentir el orgasmo. Suele suceder esto por el desconocimiento de su propio cuerpo y también por el despiste, tantas veces total, de los chicos con respecto a cómo dar placer a las chicas. Además, quizá no les hayan enseñado lo maravilloso que es disfrutar con el sexo los dos juntos o, peor aún, tengan la falsa impresión de que si ellos llegan al orgasmo la chica también lo habrá hecho. No es una cosa tan rara; de hecho, en muchas ocasiones, las chicas, para quedar bien con los chicos o quizá por corte o por vergüenza (de no haberlo hecho bien) fingen el orgasmo.

Pues bien, sabed que en principio, salvo casos raros, si la chica no alcanza el orgasmo es porque el chico no ha sabido o no se ha preocupado de conseguirlo. Puede parecer una posición negativa respecto a los chicos, pero creo que es la verdad.

Volviendo al inicio, os decía que sí, que es verdad que a veces, aunque sea horrible, los hombres utilizan la violencia contra las mujeres para obtener sexo y que, para el colmo de los horrores, en ocasiones incluso las matan para que no haya testigo. He sido juez durante treinta años y es terrible, pero a veces se producen violaciones, y en este momento, los datos, aunque no lo creáis, dicen que se producen cuatro violaciones diarias en nuestro país. Imaginad... Todavía quedan, y hay que trabajar para mejorarlo, demasiados hombres que piensan en las mujeres con desprecio.

Sin embargo, como también os decía más arriba, la cuestión no es aprender a tener miedo, sino aprender a ser

CARTA A TODAS LAS CHICAS

muy inteligente y no olvidar nunca que el sexo tiene que ser siempre consentido y con placer, nunca con dolor. No puede haber sexo bueno si la mujer no lo disfruta, y lo que es más importante, para que eso pueda ser así, la mujer siempre tiene que decidir si quiere o no sexo. «Solo sí es sí», dicen ahora. Nunca puede ser impuesto, y no digamos mediante amenazas o con violencia.

Tampoco en una pareja, por mucho que se quieran o se atraigan, puede haber sexo sin aceptación por parte de la mujer. Hay un vídeo en la red que explica eso muy muy bien. Se llama «Tea consent» y os invito a verlo.

No sé lo que os parecerá esta carta, pero he intentado mezclar la imprescindible necesidad de tener prudencia para evitar un susto en la calle o en cualquier lugar, con la maravilla que el sexo, compartido y sabiendo de verdad de qué va, puede llegar a ser. Ambas cosas están ligadas, prevenir y aprender, y creo que hay que hablar con naturalidad y sin tabúes de todo ello.

Chicas, ojalá os ayude un poquito a valorar y comprender vuestro sexo y vuestra sexualidad.

Con cariño,

Manuela

ÍNDICE

■

Este libro se terminó
de imprimir en el mes de
octubre de 2025